你不只是媽媽，也是你自己

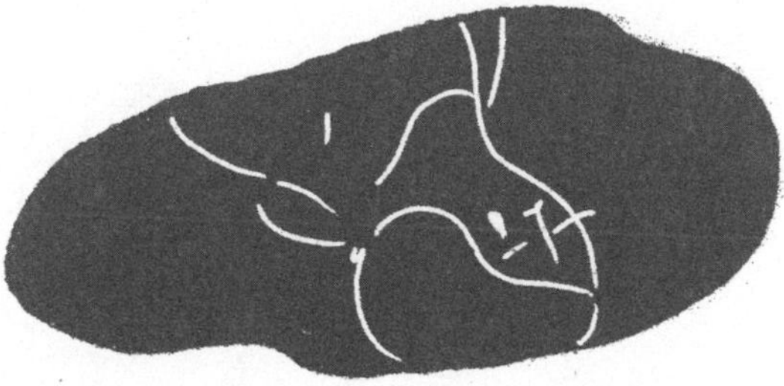

李賢秀 이현수──著 丁俞──譯

作者序
為了治癒受傷媽媽們的心靈藥房開張了

育兒真的是件很累人的事，先不說身體的勞累，就連在面對自己最珍愛的孩子時，心中有時也會冒出「孩子阻擋了自己得到幸福」的想法，這樣的狀況總讓人無助得想哭。媽媽們的心被沒有人理解自己的辛苦與價值的極致孤獨感給占據，但凡是人，心中不免會渴望當一個備受寵愛、能得到尊貴待遇的人。但媽媽們從成為母親的那一刻開始，就彷彿是被禁止了懷有這種渴望的權利，被擠到這世上的角落。

在這樣的情況下，有些媽媽會拚命找尋自己存在的價值，但這樣的舉動反倒會讓某些人在她們頭上扣上像是「好勝心過強的媽媽」等評論的大帽子。這些媽媽們為找尋自己價值所做的努力，最後只會化成另一枝箭，再次射向她們自己。她們身邊的人，甚至是理應最親密的另一半，有時都無法理解這些媽媽們為什麼總是要這麼拚命，這樣的不理解往往讓媽媽們的心傷痕累累。

但我想，媽媽們周圍的人並不是刻意要傷害她們的。有很大的原因是，因為媽媽們身旁的嬰兒太過脆弱了，相較之下，媽媽就成了一個無比強大的存在，這讓周圍的人忘了媽媽們也需要關心和安慰。家中的第一個孩子之所以會感到委屈也是同樣的道理。原本集萬千寵愛於一身的小王子或小公主，在有了弟弟妹妹之後就會被「打入冷宮」，因為剛出生的弟弟或妹妹看起來實在太弱小了，排行老大的孩子相較之下就會像個巨人，被大人們要求必須自己把事情做好。

總之，人只要受了傷都應該要得到安慰和治療，而媽媽們的傷口更應該盡快處理。因為當媽媽們受到傷害時，痛苦的不只是她們自己，在大多數的情況下，媽媽們所受的傷都會立刻對孩子造成影響。我每天都會在諮商室裡與許多媽媽們相遇，我發現她們之中大多數人都無法從周圍的人身上得到溫暖和安慰，甚至在和家人相處時也是如此。在這樣的情況下，即使求助專業機構，也很難得到最好的治療效果。假如要讓因為心中的傷變得鬱鬱寡歡的媽媽們重新站起來，家人和社會就必須成為她們最堅強的後盾，但家庭裡的成員們光是要解決自己所面對的課題就很吃力了，而就現實面來看，我們的社會也沒有辦法照顧到每個媽媽受傷的心。我針對這個問題思考了很久，最後想到了一個方式，那就是幫助媽媽們重新獲得自我治癒的力量。

聽見到頭來還是必須培養自我治癒的力量，妳是否已經感到有些洩氣了呢？但我們一起冷靜地思考一下：這麼久以來，那些請求他人理解自己、幫助自己的吶喊是不是都成了一陣陣空蕩虛無的迴聲？當妳越渴望從他人身上得到幫助，心中的無力感是否就變得越強烈呢？從現在起，已經沒有可以倚靠的地方，身後也沒有退路了。

各位可能會想，自己是否真的有那種力量？這個答案是無庸置疑的。每當孩子肚子痛的時候，媽媽們經常都會施展「媽媽的手是最好的藥」這個魔法，用手揉揉孩子的肚子，這麼一來孩子就會奇蹟似地不再感到疼痛。之所以會發生這麼神奇的事，是因為媽媽們的身體裡有間藥房，如果要說得更準確一些，那間藥房的所在位置就在媽媽們的心裡，只是之前我們沒能好好運用這股存於內心的力量而已。只要能夠從媽媽身上感受到愛和溫暖的關懷，孩子們就能恢復活力，即便是已經長大的我們，在身心都感到疲憊不堪的時候，如果能夠感受到同樣的關愛，就能夠立刻重新站起來，只不過在現實生活中，這樣的渴望似乎有些不切實際。既然從他人那裡行不通，我們就自給自足，好好愛自己吧！

這也正是我們必須要有媽媽心靈藥房的理由。

就像每個家庭都會有一個常備的急救箱一樣，我希望媽媽們在身陷痛苦時，也能馬上在各自的心靈藥房取得最合適的藥。

試著在媽媽心靈藥房的匾額上寫下「自重自愛」吧！就算有時會對著孩子和丈夫破口大罵，妳依然是個非常珍貴的人；即使蓬頭垢面，穿著隨意套上的寬大衣物，妳依然是個可愛的人。別把暫時因為壓力變得一團糟的自己當成是妳原本的樣子，那些看似有些狼狽的模樣其實只是一種提醒，告訴妳現在的生活中有某些問題需要去解決而已，並不能破壞妳的價值與存在本身。希望各位都能真心地愛自己、珍惜自己。先做到這點，才有可能達成「他重他愛」。那麼，現在就跟我一起打造媽媽心靈藥房吧！

目次

Ch.3

對媽媽來說，格外艱難的育兒煩惱處方箋

Ch.4

心靈藥房的難關：夫妻間矛盾的處方箋

Ch.5

打造穩固心靈藥房所需要的四大支柱

後記

Chapter 1

成為媽媽後，身體會最先感到疲累

成為媽媽之後會遇到許多艱難的情況，我想媽媽們最先遇到的便是身體上的疲憊感了。媽媽們在生了孩子之後，才體會到自己一個人時能夠享受的那些自由是多麼可貴。雖然懷孕的過程也非常辛苦，但跟孩子出生後所帶來的身體束縛感相比，孩子還在肚子裡的那段時期，可說是身在天堂也不為過。照顧著像是口香糖一樣，二十四小時黏在自己身旁的孩子，媽媽們會感受到的第一個明顯變化就是身體的疲憊，過度的體力消耗讓媽媽們變得疲累、無力，甚至連精神都變得有些恍惚。儘管如此，大部分的人通常只會關注媽媽們在生產後碰到的各種心理上的困境，不太會去注意媽媽們的體力已經超過她們負荷這件事。周圍的人會理所當然地認為，照顧孩子本來就是件苦差事，這是無法避免的，所以媽媽們應該要學著自己克服，但這樣的想法是非常淺薄的，幾乎等同於漠不關心。就算體力的耗損會隨著時間慢慢減少，但媽媽們在這個過程中還是不可避免地會感到無力，時時刻刻受到各種心理問題的折磨。這樣的情況不是用一句「時間是最好的良藥」就能帶過的，這也是為什麼我會在這本書的開頭就先談論如何解決媽媽們身體的疲憊感。

在本書的第一個章節，我們會從「勞動」，特別是「身體上的勞動」的視角，重新審視媽媽們在育兒過程中的體力消耗，並說明媽媽們和周圍的家人們在遇到這樣的狀況時該如何應對。

育兒這個課題的重量

在打造媽媽心靈藥房之前，我們必須先了解一件事，那就是需要媽媽心靈藥房的人並不是有什麼特殊的問題，也不代表這些人的內心就特別脆弱。畢竟光是走過分娩和育兒的過程，成為媽媽這件事本身就已經非常辛苦了。接下來我們會逐一探討媽媽們所遇到的困難，因為養育孩子的過程正是一條需要不停處理陌生難題、被各種情緒弄得泥濘不堪的道路，而世上沒有一條育兒之路是寬闊平坦的，也沒有人能不掉半滴淚就走完這條路。有時會因為孩子生病而落淚，有時是捨不得心情低落的孩子，有時則是媽媽自己感到身體不適，或是感覺自己的一雙腿不停陷入泥淖中，被絕望的情緒給包圍。總歸一句話，每一個媽媽都需要一間心靈藥房。

我想大多數人應該都聽過心理學家艾瑞克．艾瑞克森（Erik Homburger Erikson）的心理社會發展理論。在他的理論中，人類會經過八個階段的發展，從形成「信任與猜疑」的嬰兒期（第一階段）開始，經歷「自我認同與角色混淆」的青少年時期（第五階段），接著再進入要面對「創造生產與停滯不前」課題的中年期（第七階段）。記得學習八階段理論的時候我才剛成年，當時的我非常認同這個理論，甚至還曾試著回顧自己的嬰兒期和青少年時期，審視過去的我是否有好好完成每個階段的課題。同時，艾瑞克森的發展理論給我一種人類從幼時開始，就會隨著年紀增長跟著「上升箭頭」一步步成長，逐漸變得成熟，最後劃上完美休止符的感覺，而這樣的成長與八階段理論的最後一個課題「自我整合」的概念不謀而合。

但是成為媽媽之後，我突然意識到艾瑞克森在訂定中年期課題的時候，把這件事想得太簡單了。一名普通的成年人要全心投入在自己所做的事情上，完成「創造與生產」這個課題本身就不容易了，但如果只需要顧好自己的話，自然還是有成功完成該課題的機會。但當妳的身分成了媽媽這種特別的成人，就暫時無法跟著「上升箭頭」一步一步往上爬了，因為成為媽媽之後，就必須要對另一個人（孩子）負責，無法像過去一樣只顧著自己了。孩子對媽媽們來說是個非常重要的存在，但同時也因為太過脆弱，導致媽媽們必須把心思全都放在孩子身上。在這樣的情況下，不要說上升了，就連要維持現狀都變得十分費勁，有些人的人生箭頭甚至還會直線往下走。現代人最愛掛在嘴邊的「自我開發」，在成為媽媽之後就會進入停滯的狀態。

跟那些不斷嘗試，在孤軍奮戰後終於能夠有所產出的一般生產不同，在守護著生命的育兒過程中，其實每一天都在重複著創造生產與停滯，只不過就比例上來看，生產所占的比重比較小罷了。假如艾瑞克森是一名母親，八階段理論的內容大概就不會是現在這個樣子了吧？我想至少這個階段的創造與生產，會被細分為「一般的生產」與「在保護某個生命的同時所做的生產」吧？畢竟育兒是一件比任何事情都還要重要的中年期課題。

人類在育兒的過程中會逐漸變得成熟是個不爭的事實，因為除了要照顧好自己之外，還要照顧另一個生命，勢必會變得比過去更沉著穩重。但最後的結果是好的，不代表能忽略媽媽們在育兒過程中所受的煎熬。痛苦的過程必然會在人的內心留下傷口，而這個傷口也絕對不會自己消失。如果無視心裡的傷，除了傷害到自己的靈魂之外，也會對孩子和其他家人的靈魂造成不好的影響。育兒這個責任應該是兩個人共有的，假如所有育兒過程的痛苦都落在某一方身上，上述的不良影響就會更大。每個人展露自己傷口的方式不盡相同，有些人是陷入憂鬱的狀態，有些人則是透過抱怨來表達自己有多痛苦，但無論是何種方式，同樣都會成為妨礙家庭幸福的絆腳石。因為只要家庭的幸福是建立在某一個人的犧牲之上，這樣的幸福便無法長久。我們必須要學著體諒對方的辛勞，共同分擔育兒責任，試著一起尋找能讓所有人都變得幸福的最大公因數。

初次經歷的勞動世界

韓國的現代女性和上一代女性成長的環境有很大的不同，上一代的女性通常不像男性們一樣能夠接受正規教育，只能和姊妹們一起幫忙做家務。現代女性則是能和男性一樣上學，同樣為了考上好大學努力念書。雖然還是有情況比較特殊的家庭，但大部分的女性在大學畢業之後，都和男性一樣忙著找工作，適應職場，除了曾經在外獨自生活的人之外，做家事的經驗應該都不是太多。

在這種時空背景下成長的女性在生了孩子後，卻被迫要進行「勞動」。成為媽媽之前只要動動腦，認真念書、工作就好了，有了孩子之後，開始要為別人準備三餐，還要負責打掃、洗衣服等各種身體上的勞動。但最奇怪的是，明明這些都是她們過去沒做過的體力活，卻僅僅因為是女性，就被貼上「本來就應該要會」的標籤，只要做得不夠好，就會被人說三道四。既然是從來都沒做過的事，又要如何樣樣都做到完美呢？

世上沒有比育兒更辛苦的勞動了。沒有實習期、沒有休息時間、沒有能替代的人力，吃飯的時間不固定，更因為沒有所謂的下班時間，晚上就連想好好睡一覺都有困難，在這樣的狀況下，體力自然會被消耗殆盡。現在都什麼年代了，在被號稱為先進國的國家裡，怎麼可能會有把勞動者逼到這種地步的企業呢？我想表達的是，我們必須將育兒看作是一件重要的家庭事業。

即便是過去從未嘗試過的勞動，媽媽們心中還是會產生想把這件事做好的責任心，只不過她們的鬥志也很快就會消失無蹤。因為女性們在過程中會發現自己不僅僅是育兒這個家庭事業的老闆，同時也是總有一堆工作要做的職員，而男性在這裡就只是個掛名的老闆。

接下來，媽媽們心中便會開始產生各種懷疑，也會感到挫折，她們會忍不住思考「這樣的情況是民主的嗎？」、「這樣的關係是平等的嗎？」、「這個人真的愛我嗎？」但應該要就這些問題給出答案的社會和政府是「無形的」，解決育兒問題的政策和法案也不是一下子就能制訂出來的，這讓責怪社會體制成了一件很困難的事。在這樣的情形下，所有的不滿就會轉移到「有形的」丈夫身上。媽媽們看著另一半的眼神慢慢地變了樣，裡頭摻雜著各種複雜的情緒，隨著夫妻間的爭吵越來越頻繁，感情的裂痕也變得越來越大。其實夫妻的感情在孩子出生後逐漸惡化是非常常見的家庭面貌。

無庸置疑地，育兒也屬於一種勞動，因此我們應該打造一個能夠保障勞動者的安全，能充分地休息且無後顧之憂的工作環境。在得知懷孕的消息後，人們在懷著激動的心情等著迎接孩子到來的同時，還會提前購買寶寶的鞋子或是嬰兒床掛飾等用品。但其實懷孕後必須做的第一件事，並不是急著幫孩子買各種物品，而是應該要去思考孩子出生之後，家庭這個勞動環境會產生什麼樣的變化，夫妻二人又該就這樣的改變做什麼樣的準備。假如妻子是全職媽媽，丈夫就應該要知道全職媽媽其實是個二十四小時全年無休的工作，需要肯定對方的付出與勞動，並給予相應的補償。所謂的補償，光是每個月拿薪水回家是不夠的，最重要的應該是要站在對方的角度思考，給予安慰，又或者是身體力行，主動分擔家中的各種家務。假如妻子是職場媽媽，就必須要好好管理生活中的其他變數。舉例來說，最大的變數就是時間管理，又或者說是時間上的分配。全職媽媽有辦法當一個能夠時刻陪伴孩子的主要照顧者，但職場媽媽就不一樣了。

身為一名父親，除了要把「現在的時間」給孩子之外，也請隨時留意妻子的「未來時間」。即使妻子現在是全職媽媽，她們某天可能也會面臨需要出去賺錢的情況，或是想要回歸職場。職場媽媽也和她們的丈夫一樣，希望能在職場上得到他人的認可，想要抓住能夠升遷的機會，這不僅僅是為了滿足她們個人的欲望，同時也是為了家庭未來的財富與幸福必須做的努力。但現今社會的競爭如此激烈，什麼也不做對職涯發展不會有任何幫助，想要在職場上爬得更高，就必須要不斷地學習，培養新的能力。但媽媽們哪來自我開發的時間呢？我很少看到認為全職媽媽和職場媽媽應該有自我開發的時間，並透過某些行動，給予媽媽們支持的爸爸，大多都只是丟下一句「妳自己看著辦」就置身事外。媽媽們為了未來的幸福，需要培養自身能力的時間，但孩子卻總是奪走媽媽們的時間，讓她們一刻也不得閒。為了讓媽媽們能夠全心全意地去開發自身的能力，爸爸必須要分擔孩子的某些時間，也唯有這麼做，這個家庭事業才能夠正常地運轉。

每個事業單位都會有年度計畫，且會就該年度的計畫訂定各種企劃案。育兒是一個歷時二十年的超大型事業，剛開始的十年除了是分秒必爭的黃金時期之外，也是過得最快的一段時間，因為這個時期的孩子需要大人們二十四小時無微不至的照顧。育兒這個超大型事業光靠動腦是無法運作的，這個事業的老闆，也就是孩子的監護人，必須要身體力行地去保護孩子。這對年輕爸媽來說是一件非常辛苦的事，因為一直以來他們所做的勞動都只是坐著打打字、看看文件、動動手指頭在智慧型手機上搜尋答案而已，所以在這樣的狀況下，他們很容易才剛開始做就已經感到厭倦。

但育兒是一件就算厭倦也不能不做，需要高度能量的體力活，光憑媽媽一個人的力量是無法支撐下去的。說句「妳一定很累吧？」讓對方感到被安慰、被理解，說句「妳真的好厲害！」稱讚對方，但同時也需要做好規劃，讓媽媽們能享有好好休息和培養自身能力的時間。雖然很多時候我們的生活都無法照著規劃走，但光是嘗試著幫另一半保留獨有的時間這件事，其實就充分地表露出自己想幫對方做點什麼的心意了，而這樣的一份心意能帶給另一半的力量是非常大的。夫妻兩人最好也定下一個「覺得太累時就發送的信號」，只要對方接收到這樣的信號，就要放下手邊的一切，分擔育兒這個重擔。

我在寫這本書的時候總覺得如履薄冰，深怕一個不小心，就會讓自己所寫的這些話染上女權主義的色彩。之所以想要避免這樣的狀況，主要是因為我寫這本書的目的是為了要治癒人們心中的傷口，若和女權主義劃上等號，會讓人誤會我是在分化人與人之間的關係，反倒讓原有的傷口變得更嚴重。最重要的是，我不想用「××主義」來劃分人們的人生，在談論媽媽們的人生時更是如此。我唯一的盼望就是媽媽們能夠不再受傷，能過著幸福的生活而已。因為這本書的主題主要是在談論媽媽們，書中提到爸爸們幸福的篇幅自然就不多，但我同樣也希望每一位爸爸都能過上幸福的生活。儘管如此，我們還是必須承認女權主義提供了一個非常準確的視角，讓人們能一眼看出現今韓國婚姻（夫妻）的真實情況。因此，就算在書中出現某些帶有女權主義色彩的文句，希望各位讀者能把它們當作是「為了表達而使用的一種工具」即可。見月應忘指，請各位能試著將注意力放在「月亮」身上，而非比著月亮的「手指」。

撐起我們生活的勞動

上一節提到因為育兒是新手媽媽們初次踏入的勞動世界，所以難免感到辛苦和慌張，但只要冷靜下來仔細想想，這些都不是什麼高難度的勞動，也不需要用上什麼特別的能力。

但儘管如此，我們還是會為育兒感到吃力的原因有兩個。

第一個原因是育兒沒有所謂的休息時間，無時無刻都要將注意力放在孩子身上，光是這件事就足以讓人感到疲累了。但我認為育兒之所以會讓人感到吃力，最主要的原因其實是因為心理上的抗拒。首先，育兒其實就是單純勞動的循環，這樣的循環會讓人莫名有種精神枯竭的感覺。每天重複著換尿布、泡牛奶、準備副食品等勞動，還要維持家中的整潔。對髒亂的房間視而不見，一股腦往床上躺的我們來說，這些勞動很容易引發煩躁感和壓力。最重要的是，這種單純的勞動沒有任何創意性可言，也無法找到對「我」的自我認同。我們有時也會想稍微展現我們心中的那個「我原本的樣子」，但在育兒的時候，光是要撐個十分鐘就有困難了。過去的「我」是個舉止優雅、體貼、善於溝通的人，現在卻變得十分急躁、經常大吼大叫，總是一副手忙腳亂的樣子。這不免讓我懷疑起自己，產生像是「我是為了過這樣的人生才那麼拚命念書的嗎？」等想法。我在育兒初期也時常感嘆：「其實國語、英文、數學什麼的都沒有存在的必要，只要把家政課學好就行了。」

第二個原因是我們的社會其實隱約有些看不起體力活。就像在為某些事情而努力時，經常會說：「真的行不通的話，大不了就去工地搬磚頭，或是到菜市場賣菜就好啦！」當自己做著過去曾認為不夠高尚的體力活時，會產生自己也成了卑微存在的錯覺

養育生命的泉源：身體的勞動

我們必須要學著改變自己對勞動的認知，正視身體勞動的價值。隨著年紀增長，我逐漸意識到替我和家人們準備食物、穿衣，讓我們能安安穩穩地睡個好覺的行為，正是這世上最高尚的勞動。一路走來，我一直以為成功的人生、

看起來意氣風發的樣子就是人生的一切，事實上卻從來沒有真正地「活過」。這個缺了一半的人生一直到面對育兒這個挑戰後，才真正取得完美的平衡。育兒兩個字不再是書上空泛的內容，身體力行才能意識到自己真的是在養育著一個生命，讓某個人的心臟繼續跳動。我這才了解真正能讓人類變得像個人的並不是十指不沾陽春水、高尚地過生活，而是能面不改色地將孩子的排泄物清理乾淨，那種看似有些狼狽不堪的人生。

還記得自己年輕的時候，就算起晚了，餐桌上也總是會有熱騰騰的飯菜嗎？慌慌張張地出門上班、上課的時候，會發現鞋子早就整整齊齊地放在玄關了。出了門後，坐上準時抵達的公車，這些我們認為理所當然的「恩惠」，其實背後都是家人和無數人付出的勞動，現在不過是輪到妳當付出的那個人而已。學習付出的時期是否比妳想像中來得還要早呢？明明還想要再享受一下人生，過上更高品質的生活，卻要在「我的花朵」綻放之前，幫助另一朵花成長、開花。在這樣的情況下，我想無論是誰都會覺得極其荒唐吧？

想著世界上最珍貴的「我的孩子」有獨占媽媽全盛時期的魅力與體力的權利，心裡可能會比較好受一些。開始育兒的時間越晚，體力就越跟不上。光是抱孩子就覺得累，聽見孩子說要玩球就全身無力，在孩子運動會上的媽媽賽跑也跑不出好成績。孩子們的自尊心總是建立在奇怪的事情上，他們看似不在乎，但其實非常在意教學觀摩日時，媽媽是否帶著和藹可親的微笑站在教室後頭；也很在意運動會的時候，媽媽是否在跑步時展露了矯健的身手。

但就算必須要養幼小的花朵，妳的美麗也不會突然消失。請試著回想一下直挺挺地站在幼苗身旁的向日葵吧！向日葵其實和幼苗一樣，看上去是那麼的美麗動人。「我的花朵」仍在持續綻放，我們和生下孩子後就會失去自身生命的某些生物不同，人類的媽媽和孩子會一同成長、一同盛開，所以請不要為此太過憂心。

美國的某位學者曾經讀過這樣一篇文章，內容是在為育兒訂定合理的年薪，換算成台幣大約是三百萬元。假如養育孩子是一個能有如此高薪的職位，或是一個會受眾人尊敬的志願服務的話，媽媽們可能就不會感到這麼痛苦了，不過做這樣的假設其實並沒有任何意義。說到這裡，我彷彿已經能聽到某些語帶嘲諷的聲音說：「自己的小孩自己養，扯什麼年薪和志願服務？」但我想表達的重點是，育兒的價值正是如此，不僅值得這樣的高薪，也是一種應當被人尊敬的志願服務。

在這個議題上，我們的政府也不該袖手旁觀。雖然育兒的當事人，也就是孩子的父母，只能以主觀且有自己一套思維的方式養育孩子，但我們的政府和社會能夠以客觀的方式將育兒的價值數值化。在歐洲，育兒的責任通常都是由男女共同承擔。尤其是在荷蘭，丈夫和妻子會公平地分擔家務和育兒任務，育嬰假期間的工資也能百分之百得到保障，這樣的政策讓許多國民都認為如果不請育嬰假就是自己的損失，可見北歐國家的幸福指數之所以會比較高都是有理由的。

假如政府能為了讓身為未來國民的孩子們好好長大，制訂相應政策，我想媽媽們就不會整天想著什麼時候才能逃離育兒地獄，甚至在育兒過程中罹患憂鬱症，而夫妻為了養育孩子的問題而大吵的比例也會大幅減少。育兒的初衷不就是為了變得幸福嗎？只要修剪掉那些不小心劃傷人的雜枝，育兒原本的價值就自然會散發光芒。那麼，第一個需要修剪的雜枝是什麼呢？在我看來，是要先掌握媽媽們感到痛苦的原因，並制訂可行的應對方案。

我有一些話想對爸爸們說。如果你發現妻子經常會陷入憂鬱的情緒之中，動不動就發脾氣，請為她安排一段能好好休息的時間，恢復耗損的體力，並嘗試體諒妻子，這麼做帶來的效果是非常驚人的。突然要做這樣的事可能不太容易，但人人都說女人心海底針，比起搞懂妻子比海還深的心思，減輕肉眼可見的疲勞不是更容易嗎？只要妻子們身體的疲勞能稍稍得到改善，各位就算是幫了大忙了。而妻子的心靈藥房也是在這個時候才能正式開張，畢竟想要在心靈藥房製作出藥來，也必須要有一定的時間和體力。

身體的疲累終究會結束

幸好育兒這個初次經歷的勞動世界是有盡頭的。所謂育兒，從字面上來看就是養育幼兒、兒童的意思，所以當孩子脫離了「兒童」時期，育兒就算是正式結束了。當然，每個人對於脫離「兒童」時期的認知都不盡相同，我個人認為十歲左右就算是到了能夠保護自己的年紀了。不過這裡所說的「結束」指的是身體的勞動，因為大多數父母還是無法完全放手，一直到孩子成年、結婚，有了自己的生活為止，他們心中都會一直牽掛著孩子，這種情形在韓國非常常見。

等孩子長到十歲左右，媽媽們就算是半擺脫了無止境的勞動了。十歲算是一個比較廣的範圍，其實大概到六、七歲的時候，媽媽們就能稍微喘口氣了。如果將範圍再縮小一些，大概在孩子們滿三歲開始上幼兒園之後，媽媽們就能重新嘗到早已忘卻的自由滋味，變得更游刃有餘一些了。媽媽們之所以在新冠肺炎爆發之後感到特別辛苦，正是因為她們在孩子上課時能夠享有的短暫自由被剝奪，勞動的時間無限地延長。

當然，就算孩子已經滿十歲了，也依然是個弱小、需要大人照顧的存在。但孩子滿十歲之後，媽媽就脫離了二十四小時無休的育兒，而是和孩子一起生活。過去只能躺在床上和搖搖晃晃地學走路的孩子長大了，雖然在他們還年幼的時候也能帶給媽媽某種安慰和喜悅，但在孩子滿十歲之後，他們能帶給媽媽的已經不只是安慰，甚至還能成為媽媽得力的小幫手。在育兒的過程中，只要時刻記得育兒是有盡頭的，不陷入沮喪和憂鬱的情緒之中，媽媽的人生一定會重新找回光亮。孩子已經長大的媽媽們之所以會說「一切都會過去的」，其實就是這個意思。

雖然育兒這件事是有盡頭的，但當媽媽們身處最痛苦的時期，心中充滿無力感時，就很容易自暴自棄，認為一輩子都會這麼痛苦，自己的人生也不會迎來光明。在這個時間點，該怎麼應對就變得十分重要了。因為媽媽們這樣的狀態就跟罹患憂鬱症的患者一樣，會將人生某一個時刻所經歷的負面情緒擴大到整個人生，並對未來抱持著悲觀的態度。生下孩子後，媽媽們很容易產生「現在這個情況並不會改善」的想法，陷入悲觀的想法之中，變得憂鬱。

我大概比朋友們晚了七年生小孩，所以我們每個階段的生活都有很大的差異。當我開心地過著單身生活的時候，我的朋友們正忙著照顧年幼的孩子；等到朋友們的孩子長大，開始有了自己的時間的時候，我正因為育兒忙得不可開交，所以沒辦法經常見面。我費了很大的工夫，才在第一個孩子上小學二年級的時候，抽出週末的時間跟朋友見面。記得當時我問朋友替孩子們準備了什麼午餐，她回答：「我就叫他們自己烤五花肉來吃啊！」我聽到後感到十分驚訝，又問了她：「什麼？妳叫孩子們自己烤五花肉吃嗎？」朋友用理所當然的語氣告訴我她的孩子已經上國中了，自己烤肉吃對他們來說不是什麼難事。當時的我嚇了很大一跳，因為在「我」的育兒世界裡頭，我根本無法想像這樣的事。雖然當時不禁會想「我的孩子什麼時候才能長大到可以自己做飯吃呢？」但我心裡其實很清楚，這一天終究會到來的。

出乎意料之外的，這世上有盡頭的事物其實並不多，大部分的事情都跟家事一樣，沒有做完的一天。對疾病的擔憂、對失敗的不安、對死亡的恐懼也同樣沒有盡頭。雖然大部分的人會認為只要取得博士學位也就算是一種結束了，但學習也同樣是一件永無止境的事。我在寫博士論文的時候，學長姊們半開玩笑地說：「有些人在成為博士的過程中，成了白髮蒼蒼的人、成了不剩半顆牙的人、成了半死不活的人。」他們想要表達的是，要取得博士學位，必須要承受相當大的壓力。在現實生活中，我也真的有朋友在準備博士論文的過程中成了學長姊們所說的那副模樣，這也是為什麼我到現在都還記得這句話。不過，我從未看過經歷育兒的媽媽們變成那個樣子，她們反倒變得更漂亮、更美麗、更耀眼了。雖然媽媽們經常會將「為了養你，媽媽一下子就老了好幾歲」掛在嘴邊，表達育兒的辛苦，但我們都很清楚育兒的本質並非如此。只要說到壓力，人們大多都會產生負面的想法，但除了負面的「憂慮」之外，還有能夠帶來正面結果的「良性壓力」。養育孩子固然是一件會讓人有壓力的事情，但準確來說，育兒所受到的壓力是良性壓力，與我們平常所說的壓力是不同的概念。

話題似乎扯遠了，但我想表達的重點就是，育兒的疲累是有盡頭的！我們要謹記這個事實，將目光放遠一些。妳的人生看起來像是暫時停了下來，但終究會繼續下去，第二個全盛時期也一定會到來！所以在第一輪的育兒期結束之前，一定要好好照顧自己的身體，特別是身體最疲累的產後三年，要儲備好體力，時刻維持健康的身體狀態。孩子吃東西的時候，要抱持著「能吃的時候就要吃」的想法，大口大口地跟著吃飯；孩子玩耍的時候，則是帶著「這也算是在運動」的想法，跟著孩子一起在地上打滾；孩子睡著的時候就跟著一起睡，或是以大字形躺下，閉上眼睛，深呼吸，好好休息。只要媽媽跟孩子的步調能夠同步，最痛苦的三年一下就過去了。但如果媽媽和孩子的步調不一致，媽媽們一整天都會覺得很疲憊，再怎麼睡也無法消除那股疲勞感。孩子玩耍或睡覺的時候，年輕的媽媽們經常會用智慧型手機幫孩子拍照，並上傳到社群媒體上。像這樣偶爾轉換一下心情固然是一件好事，但如果過度在意自己的照片或影片得到幾個「讚」，腦袋裡不停思考這件事的話，和孩子步調的差異就會越來越大。

孩子都已經十幾歲了，依然覺得育兒是一件苦差事嗎？如果是這樣，就請仔細回想自己是否把已經進入青春期的孩子當成小朋友在照顧，把孩子的未來當作是自己的未來，又或者是過度擔心那些孩子其實已經能自己負責的事情。

Chapter
2

成為媽媽後，
心會比身體更痛苦

第一章談完媽媽在育兒過程中的體力消耗之後，第二章我們要談論的則是心理上的消耗。在諮商過程中，我發現許多年輕媽媽在心理上所遇到的困難，大多都是關於「我很擔心孩子會有什麼問題」、「我好像沒辦法成為一名好媽媽」、「如果我的孩子出生在別人家裡，他可能會過得更幸福，對於讓他出生在這樣的家庭裡，我感到很抱歉」。即便表達的方式不太相同，但可以看出這些媽媽們同樣都對育兒這件事感到非常不安，焦慮之中還伴隨著無力感和憂鬱情緒。有些媽媽是偶爾才會陷入這樣的壞情緒之中，但也有一些人幾乎是每天都被這些情緒所困，每一天都覺得自己快撐不下去了。

在製作「心藥」之前，我想先提醒各位，如果妳感到非常痛苦，一定要向專家請求協助。在心已經疲憊不堪的狀態下，妳不但無法客觀分析自己的狀況，整個人的能量也會直線下滑。在這樣的狀況下，就算讀這類書籍也讀不進去。假如妳身邊有能夠求助的家人或是朋友，也有辦法接受專家的諮商，就請不要把自己逼到極限。

經常把自己逼到極限，我們的心就會消化不良。平時消化不良的時候，我們都會去思考自己是不是吃了什麼不好的東西，與之同樣的道理，在我們的心消化不良的時候，也要冷靜地觀察背後的原因是什麼。

為什麼媽媽們在生完孩子，或是養育孩子的過程中，總會被複雜的情緒包圍，導致自己的心消化不良呢？

各種糟糕情緒的起點：產後憂鬱

生完孩子開始育兒之路的媽媽們，心中總會有很複雜的情緒，在這樣的情緒之中基本上都一定會包含憂鬱。大多數的產婦就算沒罹患嚴重的產後憂鬱症，也都會經歷某種程度的產後憂鬱，而這種憂鬱會擴大成罪惡感，甚至造成自信心下降。

產後憂鬱是指容易落淚，變得很容易擔心等「相對輕微」的憂鬱感，這樣的憂鬱通常會在兩、三個月內變得穩定。反之，產後憂鬱症則是一種「極度嚴重」的憂鬱感，通常會伴隨著無價值感、罪惡感、不安，甚至是自殘行為，而這樣的症狀也會持續很長一段時間。最關鍵的是，患上產後憂鬱症的比例為百分之十到二十，而產後憂鬱則非常常見，發生的比例高達百分之八十五。每一百名產婦，就會有十到二十名會罹患產後憂鬱症，這樣的比例並不算低，但產後憂鬱發生的比例卻高達百分之八十五，這就代表幾乎每一個產婦都會為產後憂鬱所苦，而我自己也屬於那百分之八十五。

每一位媽媽都會感到憂鬱

正如上一章所提到的，我比周圍的朋友晚了七年生孩子，正因為已經知道孩子出生之後就很難有自己的時間，所以我積極地考取各種和育兒相關的證照，盡可能地在生產之前做好所有能做的事前準備，懷著開心的心情等著孩子的到來。我的整個孕期都沒有什麼特別的問題，一直到那天凌晨羊水破裂前往醫院為止，一切都進行得非常順利。

過了一陣子後，陣痛像波浪一樣一波波朝我襲來，分娩的疼痛比我想像中還要難以忍受，好幾次我都差點要昏過去了。但不管怎樣，孩子還是平安地來到這個世界上，被我好好地抱在懷裡。孩子出生之後，親友們捎來了各種祝福。在醫院的時候，我整天不是在回覆那些道賀的訊息，就是在學習怎麼餵奶、泡奶、替寶寶洗澡，時間過得非常快。

但出院後的第二天早晨，我一睜開眼睛眼淚就掉了下來。當時關於產後憂鬱症的診斷和知識還不普及，所以我也搞不清楚自己是怎麼一回事，也不知道該怎麼應對。如果是一整天都在哭，我可能會考慮服用精神科開的藥物，但神奇的是，只要到了下午四點左右，我就會停止哭泣。明明白天只要看到孩子就會流淚，晚上看著孩子時卻又感到幸福，這種像是急性躁鬱症的狀態持續了一個半月左右才逐漸緩和，而在那之後我也復職，像往常一樣正常地上下班。我還記得當時產假並不受法律的保障，所以光是能休兩個月的假就覺得自己很幸運了。產假一結束，我便堅強地回到職場上。當然，那天早上將孩子留在家，自己走出家門的時候，我哭得一把鼻涕一把眼淚的。

後來，我一邊養育著兩個孩子，一邊過著忙碌的生活，再也沒有去深入了解當時的產後憂鬱，當然一方面也是因為在那之後，我經歷了比產後憂鬱還要更複雜的情緒。現在我想要告訴媽媽們，無論是短期還是長期，每一位媽媽在分娩後都會被憂鬱感侵擾，即便沒有像我一樣放聲大哭也一樣。但大部分的媽媽們都會對這種產後憂鬱置之不理，有些人是因為覺得孩子實在太可愛了，有些人是覺得生完孩子很輕鬆自在（因為生完了），有些人則是顧著保護看起來比自己柔弱許多的孩子，根本無暇顧及自己的這些小情緒。

雖然媽媽們有時候也會意識到自己的憂鬱，但她們總是會產生「不能有這種情緒」的想法，於是這樣的狀況也讓憂鬱感成了罪惡感。與此同時，周圍人的態度也會加深媽媽們的這種想法。當我崩潰大哭的時候，我身邊沒有任何一個人問過我：「為什麼哭成這樣？妳在害怕什麼？」周圍的人只會不停地說一些像是「因為妳現在沒什麼體力才會這樣」、「妳要為了孩子打起精神來啊！怎麼能表現出這麼軟弱的樣子呢？」的話，沒有半個人試著了解過我的情緒，體諒我的軟弱。但這其實也不是他們的錯，因為當時並沒有人知道我真實的情況。丈夫早上去上班，晚上才會回來，但這時候我的狀態已經比早上好很多了。就算用低沉的聲音告訴丈夫我早上哭過，但在丈夫的眼裡看來，似乎也不是什麼太嚴重的問題。包含家中的長輩在內，我並沒有如實將自己的狀況告訴身邊的任何一個人。我一直很尊敬的恩師曾經在白天打了通電話給我，恭喜我生了寶寶，當時的我為了要掩飾自己正在哭的事實，只短短回了對方幾句話。一直到現在，我還是對自己那天的應對感到很愧疚，一直很擔心恩師會覺得我是在敷衍他。不曉得是不是因為我職業特性上的關係，我總會想著，說不定自己對憂鬱症有著無意識的恐懼。

也許各位的家人也曾表現出這種不當一回事的態度，那麼他們為什麼這麼不在乎媽媽們的情緒呢？背後的原因其實是因為他們根本不知道。就連理應最理解女兒分娩後情緒的娘家母親，也會因為周圍的人都漠不關心便跟著不發一語，又或者是在度過了痛苦的育兒過程之後，對分娩後會有的各種情緒和感受都已經忘得差不多了。有些母親甚至會暗自想：「我也生過小孩，怎麼搞得好像妳特別辛苦一樣？」假如站在我們母親那一代人的角度來看，現在的產婦在生產後大部分都會到要價不菲的月子中心調理身體，所以她們潛意識裡可能會摻雜著「妳比我幸福太多了，還有什麼好抱怨的？」這種近似嫉妒的情感。

產生產後憂鬱的主要原因就是雌激素和黃體酮等荷爾蒙，這些用於維持子宮健康的荷爾蒙在產後四十八小時內會減少百分之九十至九十五，光是這個數值應該就能說明一切了。雌激素是對正面情緒影響非常大的重要荷爾蒙，更年期的憂鬱症就是因為雌激素減少而引起的。這樣一種荷爾蒙在產後快速地流失，產婦不感到憂鬱才更奇怪吧？

和平地和產後憂鬱告別

請謹記荷爾蒙的變化對產婦的影響是非常大的。雖然它的體積比孩子的小指還要更小，但它會讓媽媽們無法真心為孩子的誕生感到開心，還會引發強烈的衰弱感。妳在生完孩子後是否只覺得身心俱疲，聽見周圍人們的祝福只感到頭昏腦脹，對自己現在的狀態感到困惑，甚至產生罪惡感呢？如果是這樣，雖然原因有很多種，但受到荷爾蒙影響的可能性最大。

因為特定的荷爾蒙在懷孕時期升到最大值，讓孩子能在媽媽的子宮裡健康地成長，而孩子出生的同時，該荷爾蒙就會跟著瞬間減少。如果孩子出生後，這種荷爾蒙也能繼續維持，媽媽們應該能給孩子更好的照顧。不過，該荷爾蒙在生產後急遽減少的確切原因目前還沒有查明，有些人說這是因為保護孩子的胎盤已經沒有任何作用（已經排出體外）；也有人說分娩過後，人體會進入另一個發育階段，媽媽的身體為育兒做了一次徹底的「更新」，因為在太過亢奮的狀態下是無法保護好孩子的。媽媽們在孕期其實會處在一種較為亢奮的狀態，那是因為在懷孕期間，母體會不停分泌一種像是「正面情緒麻醉劑」的荷爾蒙，而母體之所以會分泌這樣的荷爾蒙，主要是為了避免孕婦在懷孕期間受到太大的壓力，能夠全心全意想著腹中的孩子。多虧了這個荷爾蒙，無論在孕期有什麼樣的病痛，大多數人都能夠撐過懷孕的這十個月。如果用比較極端的角度來看上述的情形，會讓人忍不住懷疑母體產生的所有變化，是否全都是為了能更好地養育孩子。

懷孕和分娩是女性一生中受到生理影響最大的時候。媽媽們變得憂鬱和她們愛孩子的程度沒有任何關係，她們之所以會感到憂鬱，是因為體力不支和荷爾蒙的減少。分娩的痛苦就彷彿是經歷了無數次徒步環島的旅程，全身虛脫，精神也變得恍惚。身體狀態不好的時候，人本來就會變得憂鬱；同樣的道理，在氣色好、身體又健康的人之中，便很難看到陷入憂鬱情緒的人。

這種因為荷爾蒙的影響，在產後變得憂鬱的狀況很正常，有些媽媽甚至會因為這樣的憂鬱情緒，覺得看到孩子就很痛苦，接著又會因此產生罪惡感，覺得自己身為媽媽怎麼可以這樣。但這些全都是因為荷爾蒙的影響所致，所以千萬不要因此感到內疚。荷爾蒙變化引起的產後憂鬱會隨著時間慢慢變淡，所以就讓這些情緒像流水一般靜靜地流過，平心靜氣地度過這段時間吧！就算暫時產生了自己不愛孩子的錯覺，也不用感到驚慌失措，只要想著「這全都是因為荷爾蒙」就好了，不需要過於在意。至於在育兒時感受到的痛苦是因為受到荷爾蒙的影響，還是心裡真的有什麼過不去的坎，必須要等到產後幾個月才能做出正確的判斷。為了搞清楚痛苦背後真正的原因，在產後的那一百天都不要對自己的情緒賦予過多的意義，只要好好休息、好好吃飯、好好睡覺就好了。

當然，好好休息並不是一件容易的事。也正是因為如此，這時候就要好好運用身邊的各種資源，例如像是家人的後援。如果原本只準備了月子中心的費用的話，就要再準備兩到三倍的備用金。在育兒過程中真的覺得很痛苦的時候，就立刻拿出那筆備用金，請求他人的協助，等未來身體狀況變好之後，這筆錢隨時都能賺回來。如果很幸運地完全沒動用到這筆備用金，就拿來為自己買套衣服、去一趟簡單的家族旅行，或是送一份禮物給自己吧！

產後憂鬱就像是一種生了孩子之後，任何人都可能會得到的感冒。如果真要說兩者之間有什麼差異，大概是人們會認為感冒就該吃藥、維持身體暖和、好好休息；但在面對產後憂鬱時，不管是患者還是周圍的人，大多都會裝作沒這回事。關於產生產後憂鬱的心理因素，我會在下一節做更具體的介紹。在那之前，我想先告訴產婦的家屬們，只煮海帶湯給她們補身體是不夠的，除了海帶湯之外，還要為她們準備一碗「心靈安慰湯」。近來，大部分的產婦在生產後都會到月子中心去，也多虧了這樣的趨勢，媽媽們才能有時間好好休息一會。但是離開月子中心之後，很有可能會突然被憂鬱情緒纏上，所以我希望媽媽們在月子中心休息的時候，也能夠花點時間好好觀察並照顧自己的心。如果月子中心裡有一些由心理專家帶領的集體心理諮商等課程，那是最理想的，如果沒有的話，也可以試著自己寫寫日記。真的沒有力氣寫日記，就對著智慧型手機，把自己的感受和情緒都說出來吧！這些方法雖然看起來很簡單，但實際做了之後就會發現這些方法有相當好的治療效果。關於這點，我之後會再詳細說明。

媽媽自己也不了解的脆弱

前面提到產婦在分娩之後，能夠產生正面情緒的荷爾蒙會流失百分之九十以上，那麼在這樣的情況下，媽媽們怎麼還有辦法去愛孩子，給孩子良好的照顧呢？媽媽們之所以能做到這點，是因為母體在分娩後會立刻分泌大量的良好荷爾蒙，也就是我們經常聽到的「催產素」。當我們和相愛的人有眼神交流時，體內就會分泌催產素，產婦們在分娩過後也會自動開始分泌這個荷爾蒙，而這個神奇的荷爾蒙能讓孩子們在媽媽眼裡看起來特別可愛，讓她們自然地忽視孩子帶來的所有不便。事實上，催產素又被稱為「愛的荷爾蒙」，有不少研究顯示，在鼻子上噴灑催產素能幫助憂鬱症患者產生愉悅的感受，也能提高自閉症患者的社交能力。多虧了催產素的幫助，在一般狀況下，媽媽們似乎很快就能克服產後憂鬱。但如果誘發產後憂鬱的心理因素過多，就算有作用如此強大的催產素幫忙，也無法徹底改善產後憂鬱的情況。

育兒會誘發脆弱

最能準確形容媽媽們產後心理狀態的用語應該是「脆弱」。布芮尼・布朗在《脆弱的力量》一書中曾針對脆弱做了詳盡的說明，所謂脆弱可以定義為「不確定性、危險性、情感的暴露」。說到這裡，可能很多人會為「育兒可能會讓自己暴露在危險之中」的說法感到驚訝，但千萬別急著下定論，仔細聽聽布朗的說法吧！布朗針對脆弱列出了幾個例子，例如提出和多數人相反的意見、向某個人請求幫助、被公司解僱、晉升之後卻失去了把工作做好的自信、等待病理檢查的結果、做出來的商品沒有得到任何迴響等。只要好好回想自己在上述這些情形下的感受，就能更理解布朗所說的脆弱是什麼了。總歸一句，脆弱通常伴隨著失誤或失敗帶來的壓力、正在進行事情可能會出問題的預感，以及無法被他人認可或受到尊重的恐懼感。

除了上述的情況之外，在向某個人表達情意，或是妻子先向丈夫求歡的情境下，也有可能會引發脆弱。這是因為我們在渴望愛情的同時，又會害怕被對方拒絕，或是後續的情況不照自己的想像發展。更諷刺的是，即使在心情愉悅的時候也可能會感受到脆弱。有多開心就有多痛苦，人們在開心的時候會無意識地害怕起之後會發生不好的事。如果身上還背負著要負責某些人事物的壓力，心中的脆弱感就會更強烈。

那麼，現在各位了解為什麼育兒會誘發強烈的脆弱了嗎？雖然孩子看起來是那麼可愛，待在孩子身邊的時候，心情也會特別愉悅，但於此同時，在面對孩子時需要負起的責任也一直在那。在育兒時會不停想著「如果我如此深愛的家人，我的孩子出了什麼狀況該怎麼辦？」脆弱也會在這樣的擔憂中反覆出現。孩子出生之後，夫妻經常會因為在家中的角色分配和各種責任問題而爭吵，一旦夫妻間的爭執變得頻繁，就會開始對愛情產生懷疑，而這樣的疑心等同於是在脆弱感上火上加油。想要克服心中脆弱一同攜手向前，至少要確保在任何情況下，自己和相愛的人共同訂下的目標都不會動搖，但頻繁的爭執只會讓自己距離這樣的目標越來越遠。

我現在終於明白為什麼我在生完孩子後會哭成那樣了，因為愛有多深，恐懼就有多深。過去無論是看見嬰兒笑著的照片，還是抱著孩子露出幸福表情的父母，我都會有種生了孩子後，就能像住進「坐落在綠地上、如畫一般的房子」

裡那樣，過上美好的人生。然而，真的生下孩子後，卻覺得自己彷彿站在懸崖上，整個人變得很沒有自信，被不知道自己能否將這件事做好的不安和恐懼給壓得喘不過氣。

光是要處理這些育兒時會有的負面情緒就夠痛苦了，女性們在分娩後還需要承受許多社會壓力。針對這點，布朗在書中舉出了不少例子，像是「女人要完美，不能吵吵鬧鬧」、「女人要有自信，但不能讓人覺得不自在」、「女人要忠於家庭、配偶和職場，同時還要富有性魅力」、「女人要懂得說出自己的想法，但不能讓別人生氣或傷心」、「女人要完美地做好自己該做的事，但在做自己的事之前，必須要哄孩子入睡、遛狗和打掃家裡」，但這些全都是社會施加在女性身上的壓力。一想到無論在韓國還是在美國，社會對女性，特別是媽媽們都有雙重標準，就讓我不禁失笑。

而當作為當事人的女性們無法理性地推開這些壓力，反倒讓施加在自己身上的壓力誘發內在的羞恥感時，這個問題就會變得更加嚴重。媽媽們在分娩後變得脆弱的同時，她們和丈夫及周遭人的人際關係也會變得有些緊張。表面上看起來是在發脾氣，但其實此刻她們的心裡正處在一個極容易陷入「是不是因為我不夠好，所以才無法獲得足夠的愛和歸屬感」的想法之中，並為此感到羞恥。女性在分娩後究竟變得多麼脆弱，從她們因為對自己的外表感到羞恥而表現出來的各種行為就能知道。我在諮商時，有非常多的媽媽們都向我吐露了關於外表的煩惱，她們認為自己生了孩子之後，就變得不再有魅力了。

有些人可能會認為人之所以會感到羞恥，是因為那個人的自我還不夠強大，但事實絕非如此，因為活在這世上，沒有一個人是從未感到羞恥的。年紀越輕，就越容易感到羞恥，尤其是在最脆弱的幼年時期，當能夠左右自己命運的父母表現出一絲抗拒的態度，孩子就會立刻產生「是不是因為我有什麼問題，爸爸媽媽才會討厭我」的想法，並為此感到羞恥。沒有一個孩子能完全避免這種羞恥感，因為在很多情況下，就算父母不是真的想要拒絕孩子，但在他們感到疲累、痛苦的時候，看著孩子的眼神就會不由自主地變得有些冷漠。在成長過程中，我們會壓抑自己內心的羞恥感，抑或是以其他方式表現出來，但羞恥感並不會完全從心裡消失。也正是因為如此，每當我們變得脆弱，心中那份羞恥感就會再度冒出頭來。同樣的道理，女性在分娩之後之所以會特別容易感到羞恥，是因為她們的壓力在產後到達了最高點，身心也都處在一個非常脆弱的狀態。

脆弱能靠家人的支持和愛來克服

那麼，我們該如何消除媽媽們心中的這種脆弱呢？首先，媽媽們必須要先承認自己能感受到這樣的情緒，確切地掌握心中情緒的真實面貌，這樣一來，在處理時也會相對容易許多。只要逐一釐清自己當下所處的情況，原本混亂的情緒就會逐漸變得穩定。

關於這點，我們將在下一節進行討論，現在我則想先談談家人們的支持。在序文中，我要媽媽們學著「自重自愛」，也就是「重視自己、愛自己」，但如果想克服心裡的脆弱，光靠自己的力量是不夠的，因為脆弱原本就與他者有關。如果這世上只有我一個人，需要做某些事情的時候，心裡難免會感到不安；雖然下面提到的這種狀況也不好受，但當這世上除了我之外還有其他人時，雖然不安感會減少一些，但人同時也會變得更脆弱。因為只要有他人存在，我們就會在意別人對自己的評價，總是不由自主地拿自己和別人做比較，贏過其他人，而這些想法都會誘發強烈的脆弱。

那麼，家人們該怎麼提供支持才好呢？只要發現身邊的媽媽們看起來有些不安，就帶她去吃點好吃的東西，開口問問她：「妳一定很累吧？有什麼讓妳感到不安的事嗎？」只要像這樣跟她們說說話，傳達出「我們會一直在妳身邊」的訊息，媽媽們就能感受到自己不是一個人，從這些話語中獲得力量。但其實最重要的還是爸爸們的支持和關心，畢竟他們是媽媽們最常見面的人（其實是每天都會見面），也是有最多接觸的人。我希望爸爸們能牢記育兒是一件多麼辛苦的事，並且要時常稱讚妻子，例如「哇！妳怎麼有辦法同時處理好這麼多事情啊？妳根本就是天才吧！我就算做到死也做不到」，這些話都能讓媽媽的心充滿力量。當然，最好的支持就是幫忙分擔家事，這一點我想就不必多說了。

既然提到夫妻了，我們就再談一下性生活吧！我在前面提到，向另一半提出性需求也有可能會誘發脆弱。夫妻間的性問題並沒有那麼簡單，這個問題的複雜程度甚至足以寫成一本書來做探討，但現在我們就先簡單地談談夫妻在孩子出生後會面臨的性生活問題。孩子出生之後，爸爸們的狀態跟過去不會有什麼太大的變化，但媽媽們的體力會明顯下滑，荷爾蒙也會產生變化，這兩者都會導致性慾大幅下降。在這樣的狀態下，妻子可能就會顯得「性趣」缺缺，而這樣的態度則會讓丈夫誤以為妻子是不想和自己發生關係。妻子明明只是因為體力不支而不想進行性行為，想不到自己的拒絕會誘發丈夫心中的脆弱。假如夫妻雙方能夠好好交談，坦白說出自己的狀態和感受，並解決體力不足的問題，就會發現這個問題根本沒有想像中困難，非常容易解決。

但還有一種情況更複雜，那就是妻子們除了體力不足的問題之外，她們對自己的外表也失去了自信，這會讓她們更不想和丈夫進行性行為。布朗的書中就寫到一個類似的例子：有一名女性很害怕另一半會在做愛時看見自己腹部的贅肉，並對此感到失望。布朗曾經就對身體的羞恥感和性愛為主題，和二十二名大學生進行討論。這二十二名大學生中有男也有女，其中一名女學生說：「男人們不就是整天想著要找更漂亮、更性感、更苗條的女人嗎？這樣的想法害我忍不住一直注意自己腹部的贅肉，以至於做愛的時候根本無法投入。」一名男學生聽見後用拳頭敲了下桌子，反問女學生：「男人根本不會去注意肚子上的贅肉好嗎？我們滿腦子只想著『妳愛我嗎？妳想要我，對吧？』每次在性愛中都是用盡全力，結果妳們女人只顧著擔心肚子上的贅肉嗎？」聽見這句話後，教室裡大概有一半以上的男學生的情緒都很激動，把臉埋進了雙手之間，幾名女學生也流下了眼淚。而一開始發言的女學生又說道：「我還是無法理解，因為我的前男友總是不停地批評我的身材。」男學生立刻回答：「那是因為妳的前男友是個可惡的人，而不是因為他是男人，請不要把我們所有人都當成壞蛋。」

我真希望韓國的男人與女人也能進行如此坦率的談話。雖然上述的對話是發生在美國，無法保證在韓國也能進行同樣的對話，但這並不是重點。重要的是，要當一個「正直的人」，而非「可惡的人」，並向妻子傳達無論是生孩子前的她，還是生完孩子後的她，你都很愛。雖然沒有必要一開始就說這些話，但只要發現妻子對夫妻間的性愛表現出消極的態度時，那可能就是她心裡在擔心著什麼，或是對自己沒有自信。遇到這種情況時，請試著溫柔地和妻子進行談話，假如妻子說了一些有關外表變化的煩惱的話，最好用下面這種方式回應。

「天啊！相愛的時候根本不會注意到那些。更何況，妳肚子上哪有什麼贅肉啊？就算有點小肚子，妳在我眼裡還是很性感，很有魅力，妳看我沒生孩子就有肚子了。如果妳真的很在意的話，我們就一起運動，把它消滅掉吧！」

「妳還是很漂亮」是很好聽，但這樣的話聽在耳裡很容易變成「沒有靈魂的稱讚」。我希望各位能夠學著點出另一半的魅力，幫助對方提升自信。

如果妻子是因為太累才不想做愛，可以試著買個香氛入浴劑送給她，告訴妻子自己會好好照顧孩子，讓她好好泡個澡休息一下。暫時將孩子從手中放下，泡在溫熱的水裡，聽著音樂放鬆的時候，妻子對丈夫的愛意就會再次湧上心頭。就算身體並不是那麼疲累，但光是兩人之間夾著孩子，就很容易讓人提不起性趣。這似乎是因為孩子除了是「生物上」的存在之外，同時也是「精神上」的存在。如果有個能夠信賴的人（丈夫），能讓自己安全地將孩子從身上「卸下」，媽媽們就能夠暫時從媽媽變回女人，好好地喘口氣，同時也能好好審視自己內心的欲望。看起來再微不足道的關心，只要能讓對方感覺到「我依然被愛著」，心中的脆弱就會自己慢慢消失。也就是說，徹底擺脫脆弱的方法正是「自信」和「被愛的感覺」。

那些比育兒更大的壓力

如果脆弱是源自於恐懼，我們首先要做的就是控制誘發恐懼的因素，也就是壓力。育兒這件事有多辛苦，是不需要多加說明的，但育兒並不是媽媽們真正的壓力來源，這件事只不過是增加媽媽們痛苦的強度而已。

人生在巔峰期，壓力則是最大值

媽媽們的第一個壓力便是關於整個人生的壓力。生下孩子後，媽媽們等同是在快被壓力打倒的情況下，又多了一個必須要負起責任照顧的孩子。但壓力除了用肉眼看不見之外，又因為太過巨大，讓人不知道該怎麼處理。這時只要看見在旁邊哭鬧的孩子，就會產生一種錯覺，認為自己現在會如此痛苦全都是孩子的錯，彷彿沒有這個孩子，自己就能獲得自由。如果沒有及時處理這樣的錯覺，放任它越變越嚴重，媽媽們可能就會對著孩子發火，甚至用暴力的言語或行為傷害孩子。

各位可能會想，那既然是關於整個人生的壓力，為什麼偏偏在這個時間點爆發了呢？理由是因為現在正好是媽媽人生的顛峰期，也就是說人生的巔峰期和生孩子的時期重疊了。為了能成為成功的人，過上人人稱羨的人生，國、高中時期拚命地念書，每天往返於學校和補習班之間；上了大學後也過得非常充實，認真念書，為未來求職做準備；等到終於找到工作，準備開始累積經驗，展開美好燦爛的「我的人生」時，壓力也已經到了臨界點。

在這個時期，一切都是壓力。不要說工作能力了，在人際關係上也是如此，一個月裡平靜的時期幾乎都撐不過一週。以前還在學校的時候，就算考試的成績不太理想，只要下次努力一些就可以了，但現在到了職場，就算只犯了一次錯也不會有半個人諒解，而是直接反映在人事考核上，每天上班都有種如履薄冰的感覺。光是職場的問題就已經夠吃力了，還要面對結婚壓力、買房壓力，各種社會壓力在此時來到了最大值。結婚之後，腦袋裡總是會時不時浮現「以前只要忍一忍，顧好自己就行」的想法，還會忍不住拿另一半、孩子跟別人比較，就連居住的地區、開的車、家裡的冰箱都能成為比較的對象。久而久之，心逐漸變得貧瘠，就連小學高年級之後就再沒出現在和朋友對話之中的父母親也會被強制召喚出來。例如，「我朋友說她媽媽全職幫她帶小孩，公公和婆婆在物質上的支持也很充足，我們怎麼就沒她那麼有福氣呢？」經過長時間努力，成功看似已經觸手可及的狀況下，被迫要停下一切，心裡自然會更加難受，結果這時，孩子又剛好哭著要吃飯。一個人住的時候，一餐沒吃也沒關係，兩個人住的時候，肚子餓的人自己想辦法解決就好了。此時此刻，孩子的哭喊成了整個宇宙中最大的聲音，不停地壓迫著媽媽，讓媽媽動彈不得。孩子總能成為那個能讓人用盡最後一點耐心的存在。

越是這種時候，我們越要冷靜地分辨育兒的壓力和育兒之外的壓力。養育孩子本身是一件幸福的事，否則也不會有那麼多人為了生孩子，不惜承受人工受孕手術的痛苦。世界上沒有任何東西能像孩子的微笑一樣，帶給我們如此大的幸福，即使是在那些不結婚、不生小孩的人當中，也幾乎沒有人會說自己討厭孩子。儘管如此，如果妳跟孩子在一起的時候，心裡還是會覺得不舒服或感到憤怒，就要靜下心來好好思考一下「等等，妳現在生氣真的是因為孩子的緣故嗎？明明還有別的原因不是嗎？」我希望妳能在孩子睡著之後，和丈夫一起找出生氣的真正原因。

那麼在孩子睡著後，或是晚上和丈夫聊天時，第一個浮現在妳腦海裡的會是什麼樣的煩惱呢？找出煩惱後，請試著跟丈夫一起思考解決方式吧！如果有必要，也可以問問他人的意見。依照過往的經驗來看，人們會遇到的問題大致上能分為兩大類：

- **只要夫妻一起努力就能解決的問題。**
- **就算夫妻同心協力，短時間內還是很難解決的問題。**

如果是前者，就試著針對問題詳細列出彼此能做的事，明確地點出需要對方幫忙的地方，接著一起努力吧！但如果遇到的問題屬於後者，因為只能夠花時間慢慢解決，所以最明智的應對方式就是暫時不要討論這個問題，或是過度為這個問題感到痛苦。關於「暫時」的標準，每個家庭都不一樣，但大概會是一年到三年之間。

與此同時，試著制訂家庭的生活目標吧！這邊要特別留意，我說的是「目標」而不是「目的」。目的是一個人最終想要達成的生活樣貌，過程中會受到許多個人核心價值觀的影響。相反地，「目標」的意義並沒有那麼宏大，單純只是能幫助自己順利度過每一天的必要事項而已。要先完成每天，或是每個月的目標，才能順利地達成最終的目的。

我舉幾個短期的目標作為參考，例如孩子滿十歲之前的目標是「今天一整天都有好好吃飯，健健康康的，晚上笑著入睡」；孩子滿十歲之後的目標是「孩子安全度過了一天，不受一點傷，晚上能安穩地入睡」。

平均在滿十歲，開始進入青春期後，孩子的心就很容易在朋友的關係中，或學校的團體生活中受到傷害。孩子會經歷和朋友之間的矛盾、覺得被排擠、因為成績不佳否定自我價值，甚至還有可能會遇上身體受到傷害的憾事。就算沒有發生什麼特定的事件，這時期的孩子也很容易陷入自卑和自我貶低的陷阱之中，這時爸媽必須要替孩子縫合這些傷口，幫孩子建立「明天一切會重新開始」的心態，讓他們能好好進入夢鄉。然而，這是一件非常困難的事，光是要做這件事，就會讓每天為了生活奔走的爸爸媽媽們感到喘不過氣。為人父母之路是一趟需要走上二十多年的大長征，這是一趟必須在水中拚命踢著水加速前進，還要在浮出水面時以緩慢的速度好好呼吸的過程。

所以，請靜下心來好好思考自己心中真正的渴望是什麼吧！想在什麼樣的公司上班、一年能領多少年薪、居住在什麼樣的地方、開什麼樣的車，又或者是擁有什麼樣的東西。這些渴望會成為夢想，而我們所要做的就是為了實現這個夢想而努力。但要記得千萬不要設限，不要規定自己必須在某個時間點實現夢想，要以「我現在也一直在前進，總有一天我會達成那個夢想的，只是還不確定那天是什麼時候而已」的從容心態過日子，這樣才不會讓各種生活壓力吞噬了育兒的喜悅與成就感。接下來，我們稍微做個重點整理吧！

- **為了實現夢想努力向前，但不去設定實現夢想的時間點。**
- **要為未來做準備，但首先要幸福地度過今天。**

很多媽媽告訴我，孩子還小的時候，她們都會盡量讓孩子自由發展，但自從孩子開始上學之後，就忍不住會在意起成績來，不自覺地開始就孩子的學業成績嘮叨個不停。孩子成績好的話自然是一件好事，考第一名更好，考上頂尖大學就更不用說了。但我們必須要學會將「如果能做好的話是好事」跟「必須要這麼做的事」分開來看。現在孩子必須做的就是健健康康地成長，每天都充滿笑容，帶著滿足的心情入睡，至於其他那些做得很好的事情，不過只是附贈的「贈品」而已。

美國的暢銷作家約翰．賈夫納（John Javna）和戈登．賈夫納（Gordon Javna）兄弟曾共同出版過《讀一讀、笑一笑，所有問題都能迎刃而解的人生課》（Life Is a Joke: 100 Life Lessons（with Punch Lines）），我想引用書中的其中一則笑話。有一對夫妻一起去了牙科，丈夫告訴醫師自己很忙，所以不需要麻醉，也不用做任何要價不菲的額外處置，只要能快點把牙齒拔掉就好了。醫師聽完後回答：「如果所有患者都像你一樣這麼勇敢就好了。來吧！你要拔的是哪一顆牙齒？」丈夫接著說：「老婆，張開嘴給醫師檢查吧！」

這段笑話很精準地表現出了現代人忙於達成某些目的，將家人的安危和感受放在第二順位的樣貌。

請試著設下像是「今天要安穩地入睡」等簡單，能夠從容完成的育兒目標吧！這麼一來，妳看待其他壓力的方式也會有所改變，也才能用更開心的心情，享受和孩子一起度過的時光。

如果說靈魂有重量，就算是嬰兒的靈魂，和我們靈魂的克數也會是相同的，所以再小的嬰兒也會有相當大的存在感。即使如此，這並不代表孩子擁有能夠蓄意讓父母親感到痛苦的「邪惡」力量。那些育兒的痛苦全是源自於一種錯位的狀態。如果父母親因為生活中的其他壓力而疏忽了孩子，孩子就會把這種情況視為是一種危險，接著用耍賴或搗蛋的方式來拉回爸媽的注意力。如果父母親能夠盡快滿足孩子的需求，將原本錯位的狀態調整好，每個孩子都能回到原本乖巧可愛的樣子。只不過許多父母親都會因為注意力全擺在生活的其他壓力上，錯過了即時糾正錯誤的時機。

我們必須要學會區分育兒壓力和育兒之外的其他壓力，之所以要這麼做是因為前者是「照顧生命本體的事情」，後者則是「維持生命必須做的事情」。而人事物的本體和為了達成目標的過程與方法，屬於完全不同的層面，兩者的優先順序也相當明確。我舉個簡單的例子，在韓國有為孩子舉辦週歲生日宴的傳統，但同時，孩子即將滿一歲時也會突然變得很容易生病，我想應該每個媽媽都經歷過這樣的狀況吧！

譬如孩子突然發燒、出現感冒症狀，嚴重時甚至還會拉肚子，奶量連平時的一半都喝不到，臉變得消瘦，就連好好坐著都有困難等等。但舉辦生日宴的餐廳已經預約好了，邀請函也全都送出去了，就算是因為孩子生病而無法舉辦生日宴，也同樣要賠償違約金。雖然最近大家在舉辦週歲生日宴的時候，越來越傾向只邀請家人，但以往辦週歲生日宴的時候，會邀請很多身邊的人來參加，除了兩家的親戚之外，還會找認識的前輩、敬重的恩師，甚至是公司的上司來參加。在這樣的情況下，如果突然取消生日宴，除了面子掛不住之外，也要面對很多令人感到為難的情況。事實上，我自己就差點遇到這樣的情形。那時距離生日宴只剩下四天，孩子整個人變得病懨懨的。原本打算要取消宴會，但後來我和丈夫改變了計畫，讓生日宴照常舉行，但只派丈夫當代表去和大家吃飯、打招呼。要做出這樣的決定並不容易，但只要把孩子的健康和安全放在第一順位，其實就能立刻知道該怎麼做了。結果，生日宴當天早上，孩子突然奇蹟似地充滿活力，最後還是穿上我們事先買好的韓服，精心打扮過後，順利地出席了晚上的生日宴。那天人們輪流抱著孩子拍照，所有人都笑著度過了愉快的時光。

我後來聽說，大部分孩子在出生一年後都會因為快速成長經歷「成長痛」，甚至還有一些孩子為了在週歲生日宴上盡到當一個稱職主角的責任，在生日宴之後突然大病了一場。

舉辦週歲生日宴的時候，除了幫孩子打扮之外，大多數的爸爸媽媽也會去髮廊做頭髮，穿上好看的衣服。因為對父母親來說，那天也是檢視自己的社交關係，向身邊的人表達感謝的重要日子。但不管那天有多麼重要，如果孩子真的生病了，就應該要將弱小的孩子擺在第一順位，優先考慮孩子的生命安全才對。說到這裡，各位應該比較能區分「生命本體」以及「維持生命必須做的事情」了吧！

感覺如何呢？現在是否能以比較輕鬆的心態看待心中的那些壓力了呢？

媽媽和孩子一起變得成熟

除了人生的壓力之外，媽媽們會給自己過大壓力的第二個理由，便是自己原本的個性。如果媽媽本身就很容易感到不安，甚至是有完美主義的傾向，育兒自然就會成為她人生中最辛苦的事。因為在面對其他事情時，我們可以盡自己最大的努力，並等待結果，但育兒需要時時刻刻都將孩子保護得好好的，同時還是個需要雙向互動的勞動。就算自己盡了最大最大最大的努力，也無法立刻看到成果。在這樣的情況下，孩子又不停地哭鬧，媽媽們的壓力就會來到臨界點，會忍不住想對孩子大喊：「你到底要我怎麼做？我到底還要為你做多少事才行？」

當妳發現自己的育兒壓力已經到了極限，請先讓自己冷靜下來，仔細想想現在眼前的狀況是否真的值得生氣，又或者其實是自己的問題。如果後者的情況居多，請找丈夫或家人談談，甚至是向專業人士請求協助，無論如何都要解決這個問題。因為當妳對孩子發火的頻率越高，這長達二十年的育兒之路就會變得越來越崎嶇難行。要記得這條路要走二十年，而不是兩年。這二十年是個非常重要的時期，除了是媽媽們人生的黃金期之外，也是一段媽媽、爸爸、孩子和周圍的所有家族成員都要健健康康、和平相處、互相扶持的一段時間。

與此同時，假如在結婚或者生孩子之前，自我認同還處於模糊不清的狀態，生完孩子後又突然多了「媽媽」這個身分，整個人的角色混亂可能會變得更加嚴重。所謂的自我認同，在二十到三十多歲的人身上是無法完全確立的，又或者該說終其一生，我們的自我認同都會不停改變，且不斷地進化。話雖如此，我們最好還是在結婚和生育之前，就確立約百分之七十的基本自我認同。希望各位能在那之前就先對自己真正想要的是什麼，喜歡的又是什麼有大概的了解。

如果在還不了解自己想要什麼的狀態下就成了媽媽也沒關係，只要記得靜下心來好好思考就可以了。其實比起無憂無慮的狀態，在艱難的情況下反而更容易找到真正的「自我」。我們並不是因為已經確立了自我認同，才有辦法撐過國、高中時期，硬是逼著自己學一些不想學的東西。而是在堅持和學習對自己負責的過程中，確認自己心中真正想要的是什麼。育兒也是同樣的道理，即使還沒有做好準備，只要跟著孩子一起哭、一起笑、一起漸漸變得成熟，終究能找到自己真正想要的是什麼。

唯有媽媽才懂的生命的重量

現在我們要討論的內容是其中一個讓媽媽們變得脆弱的原因，也就是「生命的重量」，此處所指的生命包括孩子和媽媽的生命。像生命的重量這種能夠讓人感受到「生命力」的詞語，為什麼會引起脆弱感呢？這是因為媽媽們在分娩時，同時經歷了生命與死亡。孩子誕生在這個世界上的那瞬間，媽媽們正承受著分娩的疼痛和對死亡的恐懼，只有撐過這樣的疼痛，新生命才能夠來到這個世界。而面對如此巨大的苦痛，卻只有受精卵的其中一名提供者需要承受，這殘忍的事實是那麼地讓人難以接受。如果用比較極端的說法來形容，孩子是以媽媽的痛苦，甚至死亡作為擔保才誕生在這個世界上的，而在現實生活中，也真的有許多媽媽們為了生下孩子賭上了自己的性命。這世上能夠這麼近距離地同時經歷生與死的，也只有媽媽了。

其實說白了，人類從出生開始就在走向死亡，只不過在一般情況下，人們會把死亡當作是遙遠的未來才會發生的事件，平時並不會特別去想死亡這件事。就像很多人說的那樣，其實人就是一邊否認死亡的存在，一邊活著。而諷刺的是，過去總是選擇逃避並否認死亡的存在，不願意正視它，卻在等待已久的「我的孩子」來到這世上的時候，突然意識到原來死亡離自己是那麼地近。

當人意識到自己曾否定的事物確實存在時，便會誘發脆弱。當我們否定某個事物，就會因為害怕它進到自己的腦海中，下意識地將它拒於千里之外。那麼當這個事物突然闖進你的意識中，會感到恐懼也是理所當然的，而且當你害怕的是死亡時那就更不用說了。在承受強烈陣痛的同時會產生「這樣下去我可能會死」的死亡恐懼，也會因為腦中「如果我死了，誰來撫養這個孩子呢？」的想法感到痛苦。但因為過程實在太過痛苦了，當下所有的感受和想法都像是一閃而過的念頭，不會真正意識到自己在想些什麼。但重要的是，就算自己沒有意識到，但那些感受和念頭也早已潛入我們的腦海之中。

在新生命終於哭出聲後，地獄般的痛苦也會跟著消失。因為那個瞬間被喜悅和輕鬆感填得滿滿的，以至於我們會暫時忘記分娩過程中所承受的痛苦，以及自己剛經歷了多麼強烈的情緒波動。當然，一方面也是因為光是要照顧眼前的孩子就已經忙得不可開交了。但正如我剛剛所說的，對死亡的恐懼和感受已經潛入了我們的大腦，所以日後只要受到近似的刺激，或是處在類似的情況下，都會想起分娩當時的恐懼。例如孩子生病，對媽媽來說就是一種刺激。也正因為如此，媽媽們時時刻刻都可能會突然變得脆弱。

「情感的換氣」能夠增加心的重量

也就是因為在分娩時，媽媽們已經用全身體驗了生死的感受，在照顧孩子的時候，自然就會顯得比爸爸們更加戰戰兢兢。在分娩的過程中，媽媽全身的骨頭像是都裂開了一回，因為是用生命生下來的孩子，這個孩子對媽媽來說有多麼珍貴，是無法用言語形容的。因為曾在生死關頭走了一遭，媽媽們會不自覺地擔心一不小心自己或孩子就會出什麼差錯，這樣的不安比爸爸們還要強烈許多，而且會深深地刻在媽媽們的身上和心上。也是因為懷著這樣的不安，媽媽們才會時時刻刻想把孩子帶在身邊。我們在形容某個人對自己來說非常珍貴的時候會說「跟我的命一樣重要、比我的命還要重要」，而孩子實際上也真的就是我們賭上自己的性命才生下的存在。

遺憾的是，爸爸們無法完全理解這樣的情感。雖然看似能夠了解媽媽們為什麼會有這樣的感受，但這種沿著全身的血管，像脈搏般不停跳動的複雜情感，不是光用腦袋想就能夠完全理解的。媽媽們應該要仔細回想自己的分娩過程，檢視自己在束手無策的狀況下暴露了什麼樣的情感，並學習將情感「換氣」。換句話說，媽媽們必須要深入思考自己當時有多麼害怕、多麼孤單，自己的存在感又跌到了多深的谷底，唯有這麼做，才能好好把刻在心裡的這些壞情緒丟掉。

近來，家人陪產成為趨勢，所以有些丈夫會在妻子分娩的過程中進到產房，握著妻子的手表現出「分擔痛苦」的樣子。但在過去，媽媽們必須要獨自撐過整個分娩過程。在醫院待產的時候，住院醫師每隔一個小時就會來一次，加快子宮頸口開指的速度。一開始還有辦法忍受，但到了每兩分鐘就會陣痛一次的階段，真的有種自己快死了的感覺。我記得就在我又開始陣痛的時候，醫師剛好又來到待產室，想要加快產程。當時的我已經痛到整個人蜷縮著，背彎得像是一把弓箭，不停求著醫師：「拜託，現在先不要，等一下再弄好嗎？」我當時的請求是那麼懇切，但醫師還是繼續做催生的動作，我當下真的很想給醫師一個飛踢。那時候，我總覺得自己不像在待產，而是被放在實驗室檯面上的一個物品。記得我在待產的時候，周圍還有其他產婦，如果有人忍受不了強烈的陣痛而喊出聲來，醫護人員就會斥責產婦：「又不是只有妳一個人生小孩，請不要做一些會影響到別人的行為。」我當時有種「那到底要我怎麼做呢？」的感覺，不能叫出聲，最基本的自我防禦也不能做，在這種情況下，我究竟該怎麼去承受這樣的痛苦呢？（最近待產室和產房的氛圍應該變得比當時好很多了吧？）

在一個新生命誕生的名分下，媽媽們應該要好好吐露分娩當時像是被全世界拋棄一般的感受。應該很多人都聽過身邊當過兵的男性談論自己服役時發生的事吧？雖然近來這樣的情況有變得比較少一些，但還是有不少男性一找到空檔就要講自己當兵時的事情。當職場的上司或是前輩這麼做時，就算早就已經聽過好幾次了，我們都還是會裝作是第一次聽到，不會表露出不耐煩的神色。最神奇的是，明明這些事他們都已經說過數十次了，但每次提到的時候，表現出來的樣子都像是第一次說一樣。過去的我從來沒有認真想過他們為什麼會那麼做，直到現在我才突然意識到，這其實是一種情感的換氣，之所以想向他人吐露自己曾經歷的事情，都是因為他們急需喘口氣。身處在盲從又不合理的體制之下，卻一句話都不能說，只能閉上嘴撐下去。所以在離開之後，必須透過吐露那些既委屈又羞恥的感受，才有辦法真正克服它，讚許克服一切的自己，同時也表露了想要好好重新過生活的意志。這些行為可以看作是一種自我安慰和自我鼓勵，而這兩者都是「心理韌性」中非常重要的部分。

媽媽們應該也要有能自我安慰和自我鼓勵的時間。在那種被極致的孤獨給包圍，超乎想像的艱難處境下，經歷就算痛也無法隨心所欲地叫出聲來，像在承受某種刑罰似地，必須忍下當下所感受到的一切痛苦，這種用言語無法形容的複雜情感，至少要有一次能好好表達出來的機會才是。哪怕能給予安慰的人只有自己，媽媽們也要好好慰勞自己的辛苦，因為唯有這麼做，才能夠真正地恢復到原本的狀態。

就像科幻電影中的場景一樣，陷入迷宮的漩渦之中，接著突然掉到家中的庭院裡頭，但庭院裡的人只短暫地看了妳五秒鐘，就繼續做著自己手邊的事情。明明剛剛才經歷了生死關頭，全世界的人卻都只關心剛出生的嬰兒，絲毫不關心媽媽們是怎麼從那樣的險境中存活下來的。在這樣的情形下，開口說出自己方才有多痛苦，便成了一件很尷尬的事，這也讓媽媽們喪失了能消除在分娩過程中所受衝擊的時間。媽媽們心中的痛苦和感受都像只在夢裡發生的事情一樣被無視，但沒有完全消除的情感卻一直埋藏在心裡，就容易在育兒過程中突然引發心中的脆弱。一旦媽媽變得脆弱，正如我們先前所提到的，包括產後憂鬱在內的各種負面情緒就會不停襲來。

因此一定要做關於分娩的「情感換氣」，同時也要為那段過程哀悼。雖然身體並沒有死去，但媽媽過去的生活已經死了，曾經毫無後顧之憂地朝世界飛去的夢想、勇氣和曾以為能一直這樣下去的年輕時期結束，原本在巔峰期的美貌也即將開始走下坡。生完孩子後是絕對不可能回到過去的樣子的，不僅身體會有所改變，心情、想法和情感也都會產生變化。過去的我在某一天就突然間這麼死去了。

在生死的十字路口，媽媽們勇敢地選擇活下去，為了能看見孩子的笑容，就當作所有痛苦都沒發生過。我很肯定自己就算重新投胎，也無法好好用語言表達出媽媽對孩子的這份情感，真希望詩人們能用文字為它表述。

如果把育兒比喻成一趟乘船遠行的旅程，媽媽們就是在還因為暈船全身無力的狀態下，突然被拉進駕駛艙的船長。媽媽們就像即使感到疲憊，也會讓自己專注於船的運行，保障整艘船安全的優秀船長一樣，即便已經身心俱疲，還是付出了自己所有的精力，只為了能讓孩子安全地長大。為什麼媽媽們能做到這個地步呢？難道女性只要成為母親之後就會突然變成「聖人」嗎？並不是這樣的，媽媽們之所以能竭盡全力為孩子付出，是因為她們很了解何謂「生命的重量」。

生命並不是用語言或理論就能解釋的存在。光憑抱著孩子時的感覺判斷孩子生命力的男性（丈夫）們，是無法完全了解分娩和育兒的，他們不知道分娩和育兒其實是段女性的精神、肉體和靈魂會產生劇烈衝突的艱難過程。已經很清楚這點的媽媽雖然會感到無力，但她們也不會放棄，因為媽媽們已經知道，也看到了「神秘生命之花」的存在。媽媽們會一直想著那朵神秘的生命之花，會想要一直注視著它，看著它一點一點盛開。待那朵花恣意綻放，來到一生最美的時期時，媽媽們得到的可能只剩皺紋與白髮。但媽媽跟著花朵一起成長的成熟靈魂絕對不會凋謝，在遙遠的將來，那個靈魂會成為一顆星星，在天上閃閃發光。

只有媽媽才能真正體會生命的重量混合了喜悅與不快，摻雜著悲傷、不安、擔憂、恐懼和憤怒等，總讓人感到十分沉重。但這樣的重量同時也只有人類，又或者該說是只有母親才有辦法感受的生命精髓。它像所有經歷一樣，自有它的價值，育兒絕對是一趟痛苦的旅程，但也絕對不會後悔。

把痛苦說出口

為了要打造媽媽的心靈藥房，有一件必須要做的事情，那就是把痛苦說出口。本章的開頭提到如果經常把自己逼到極限，我們的心就會消化不良，而截至目前為止提到的產後憂鬱、脆弱、恐懼、憤怒、不安和完美主義，都會使已經到達極限的狀況變得更糟糕。如果想要讓心靈平靜下來，第一件要做的事就是告訴大家「我的心消化不良了，真的好痛苦」。唯有這麼做，才有辦法思考該怎麼求助，又或者是自行尋找解決方案。

想要吐露自己疲累的心情時，必須要慎選對象，而最好的對話對象自然是另一半。夫妻關係中，溝通是非常重要的，在選擇分開的夫妻之中，我就從沒看過哪一對是能順暢溝通的。我希望大家能夠把夫妻之間的互動當成是吹響號角，只要其中一方吹響了號角，另一方就能知道那是「我很孤單、我很害怕、請幫幫我」的意思，並立刻吹響號角給予對方回應。如果能傳達「知道了，我馬上就去找你」的訊息是最好的，如果有困難，「知道了，我下班後馬上就幫你」也足以安撫對方的心了。我認為夫妻兩人只要坦誠相待，試著同心協力去解決問題，就沒有什麼事情是解決不了的。夫妻間的矛盾之所以會越變越嚴重，通常都是因為某一方的個人主張太過強烈。

可惜的是，有很多夫妻都無法順利溝通。雖然妻子們表面上裝作不在乎，但她們心裡其實都是很依賴另一半的，所以如果夫妻之間無法好好進行對話，就會加深心中的失落感，甚至會關上原本開放的心門，而憂鬱感也是在此時找上門來。但就算無法和另一半訴苦，也不能放棄「把痛苦說出口」這件事，不管是對朋友、認識的人、家人，就算只是在社交媒體上吐苦水也好，一定要表達出自己的感受。現在，請回想一下自己身邊有沒有能夠暫時讓你訴苦的人，那樣的人又有幾個呢？能想到的人越多，就代表你的人生沒有白活。如果真的無法和丈夫吐露心聲，請去找這些人訴苦，也可以跟他們說說丈夫的壞話。最重要的是，在抒發完心情之後要重新調整自己的心態，繼續好好過生活。不過，光是想到在感到疲憊不堪的時候，世界上還有一個「站在我這邊」的人，心就能得到安慰。而在心得到安慰後，就能夠克服困難，重新站起來。

朋友、認識的人和家人之中都沒有能夠吐苦水的人嗎？在社交媒體上面發文抒發情緒又怕被誤會嗎？如果是這樣，我會推薦各位寫日記。其實比起社交媒體，我認為日記會是一個更好的抒發管道，不僅效果好，也沒有個人隱私外洩的隱憂。寫日記的方法也不止一種，有些人會以最傳統的方式，在日記本上書寫，另一種則是運用網路科技。我個人強烈建議寫在日記本上，紙張和鉛筆帶有讓人感到自在的親和力，對鎮定情緒有很明顯的效果，在書寫的過程中，心中的思緒也會變得更加有條理。

關於寫作的治癒效果，我們已經透過科學得到了驗證。美國德克薩斯大學心理學教授詹姆斯．潘尼貝克（James Pennebaker）曾做過一個研究，他秘密地追蹤那些曾遭受性侵甚至是近親性侵的受害者，在觀察了很長一段時間後，發現有這方面心理創傷的受害者們的心理狀態有所差異。越不願意說出口的人，狀況就會變得越來越糟，而相反地，對自己曾受害的事實越是坦白，心理上就越是穩定。後者到醫院接受治療的次數甚至會逐漸減少，壓力荷爾蒙的數值也跟著降低，身體狀態要比前者健康許多。以這樣的研究結果為基礎，潘尼貝克認為每天花個十五到二十分鐘的時間寫文章，也會有治療的效果。之前提到的作家布芮尼・布朗曾說過「人們的痛苦和他們的秘密多寡成正比」，也曾提及寫作對治癒心理創傷的效果，將痛苦說出口對治療負面情緒的重要性可見一斑。

不告訴家人或朋友，光是寫在日記本上就有治癒效果的理由有兩個。

第一個是因為懂得表達情緒，才能正確地識別情緒。想要解決負面情緒，率先要做的事就是認識它並接受它的存在。在這一點上，比起對他人吐露心聲，寫日記的效果會更好。第二個理由則是因為人類遇到問題時，我們的大腦一定會試著自己找出解決方法。也就是說，我們要透過寫日記向「自己的大腦」求助，藉大腦的力量解決問題，而非求助於他人，這也才能夠稱之為是真正的自我治癒。

把問題說清楚

想要讓大腦自己解決問題，就必須要準確地「告知」大腦問題是什麼。眾所周知，人類的大腦二十四小時不間斷地運轉，需要處理的訊息量非常驚人，以至於大腦只能優先處理生命攸關的緊急事件。因此，即便是和超級電腦一樣厲害的大腦，在面對類似「好累，累死了，這是怎樣啦！」這種沒有實質內容的抱怨時，也會因為不知道該怎麼處理而不知所措，只能閃著游標，進入待機狀態。

「我無法和丈夫好好對話，該怎麼做才好呢？」
「我的孩子很常生病，該怎麼做才好呢？」
「我很擔心結束育嬰假回到職場後會無法適應，該怎麼做才好呢？」

只有像上述的例子一樣具體地說出自己的煩惱，大腦才有辦法開始幫忙尋找解決方案。其實詢問他人有什麼樣的想法和建議，也可以說是大腦想出來的解決方案之一。我們有時會在為某件事而煩惱的過程中，突然產生「啊！我想要找那個人談一談」的想法，其實就是出於大腦的指示。

現在，讓我們來做一個小實驗，確認大腦是否真的擁有驚人的解決能力吧！當你忘記自己把鑰匙放在哪裡的時候，請對著你的大腦說「幫我找一下鑰匙」，接著神奇的事情就發生了，剛剛無論怎麼找都找不到的鑰匙，竟不知道從哪冒出來了。鑰匙明明就出現在剛剛才找過的地方，卻要在對大腦求助之後才能看見鑰匙。這個方法的效果非常的驚人，我至今弄丟的東西，全都靠著這個方法找到了。

我們的大腦其實什麼都知道，但平時我們的意識只有某個部分是在啟動的狀態，所以才會暫時找不到想要找的東西。想要利用大腦這驚人的能力，就必須要準確地說出自己遇到的問題和心中的煩惱。但如果你想找的是「改善與丈夫之間的關係」這種無形的東西，自然就無法跟找鑰匙的時候一樣那麼快就解決問題。雖然這不是出於科學上的分析，但在尋找「已經屬於我，且有明確形體」的東西時，我們的大腦很快就能找到；而在尋找「還不屬於我，且沒有明確形體」的東西時，似乎需要花上一段時間，改善人際關係、賺大錢、找到好工作等情形都屬於這種情況。但就算需要時間，也一定能有解決的辦法，所以千萬不要放棄，要時時刻刻審視自己的內心，並不斷地「說話」。

只要把地址寫清楚，包裹就一定能送到指定的地點，同樣地，在說心裡的地址時，也一定要說清楚才行。我現在在什麼地方，因為誰（或是什麼事情）感到痛苦。只要把心的門牌號碼準確地寫出來，未來的某一天，裝著解決方法的心的快遞就會伴隨著門鈴聲，送到你的面前。

越是不願意說出來，就越說不清楚

關於要把心裡的話說出來這件事，其實還有另外一個非常重要的理由。根據大腦科學研究顯示，憂鬱症患者左腦的活性非常低。人類的左腦負責掌管語言功能，那麼當左腦的活性下降時，就無法把話說好。雖然不清楚是因為左腦的活性下降導致患者不怎麼說話，還是因為總是不說話，左腦的活性才會下降，雖然這兩者的因果關係不明確，但如果仔細觀察憂鬱症患者，就會發現他們之中大部分的人話都不多。這部分之所以會這麼重要，是因為前面提到產後憂鬱時，曾經說過憂鬱感對媽媽們來說是一種經常會產生的情緒。也就是說，媽媽們可能會因為經常如此，就不特別將心中的感受說出來，但話說得越少，左腦的功能也會在不知不覺中慢慢下降。

可能會有一些讀者想到媽媽們對著孩子碎碎唸的樣子，針對語言功能下降這個說法提出反駁。但其實媽媽們對孩子們的嘮叨是相當膚淺的，只要不是嚴重到需要住院治療的重度憂鬱症患者，這種程度的話還是有辦法說的。孩子的年紀越小，媽媽們說出口的話通常就會越簡短，她們最常說的話就是「不行」、

「停」、「不准」。這些媽媽們很有可能沒辦法將語言組織成合理的說明，例如「你這麼做的話會發生……的事，這樣一來對方的心情會是……，你的心情會是……，所以之後我們應該要像……做才行」。至於說話時要注意不讓孩子受到傷害，學習站在孩子的立場思考，對她們來說就更困難了。有很多媽媽都無法透過言語好好糾正孩子的問題行為，反倒會在孩子做出這樣的行為時變得十分暴躁，而之所以會有這樣的情況，我想她們之中應該有很大一部分的人也都是受到憂鬱感的影響，導致左腦的功能低下。

但左腦除了掌管語言功能之外，其實還扮演了另一個相當重要的角色，也就是大腦整體的整合功能。包括開拓認知神經科學領域，聞名世界的學者邁克爾・葛詹尼加（Michael S. Gazzaniga）教授在內的腦科學家都曾這麼說過，負責執行各種細微功能的大腦之所以能夠有統一的意識是因為大腦裡有一個解碼器，而那個解碼器正是我們的左腦。也就是說，左腦的功能高，整合思維的能力也會跟著變得比較高，較能做出明智的判斷。由此可見，話說不好並不單純只是語言功能下降的問題，也有可能代表著大腦整體的整合力正在下降，因此必須要特別留意。說話是能夠提高左腦功能很棒的方法，其實這簡單來看就是一個循環。如果想要說話，左腦就要運作，左腦活性提高後，語言能力就會再次提升，大腦整體的功能性也會隨著提升，形成一個良性循環。心理諮商之所以有助於治療憂鬱症，其實也是因為「說話」。先前我們主要著重在透過向他人訴苦來達成情感上的換氣，但其實「說話」會這麼重要，我覺得是因為它能夠提升左腦的功能，提高整合思維的能力，進而解決眼前的問題。

我們甚至不用多說什麼特別的話，只要替此時此刻的情緒「命名」，就會有效果了。馬克·布雷克特（Marc Brackett）在他的著作《讓感受自由》中提到：「感受到負面情緒時會活化的杏仁核，在我們為情緒命名之後，活動就會減少，而能夠調節情緒的右側腹外側前額葉皮層則會明顯地活化。」也就是說，只要說出「我現在心情不太好，感覺好像是生氣了」就能擺脫被情緒籠罩的狀態，變得平靜。在這樣的狀態下，就比較容易找到解決問題的方法。《回歸內在：與你的內在小孩對話》的作者，同時也是家庭關係治療師的約翰·布雷蕭（John Bradshaw）曾說過，就算是對已經結束的事件或過去的某個對象「說話」，也能有顯著的治療效果。布雷蕭曾經在一次的團體諮商中，要參與者對自己的父母親說出自己想說的話，其中一名男子說：「爸爸，我希望你能知道自己帶給我多大的傷害，過去的我曾經是那麼渴望你能關心我，哪怕是一點點也好。」另外一名女子說：「媽媽，妳總是忙著為教會裡的事奔走，其實我真的覺得很孤單。」在場的參與者們聽到這些話後，都表示能對他們的痛苦感同身受。團體諮商結束後，大家心中都充滿了平靜與喜悅。其中一名參與者說，他一開始其實不認為這樣的方式能帶來什麼實質的效果，但這是他活到現在，第一次這麼痛快地哭。我們從這個例子就可以確認，說話確實能夠起到治療的作用。

雖然說最好的治療方法是直接對帶給你傷害，或是與你產生矛盾的當事人對話，但其實無論是用什麼樣的方式說出來，只要能察覺到自己的情緒，並為其命名，就能夠淨化那個情緒，說話的力量就是如此強大。希望各位能好好運用這個力量，把痛苦說出口吧！

心理安全地帶與非暴力溝通

想要說話，也要在對方已經做好聽我說話的準備時才說。「心理安全地帶」是一個專業術語，意思是只有在這個地方才能夠安心地說話，心理諮商室就是心理安全地帶最具代表性的空間，在這個地方，無論是什麼秘密似乎都能說出來。試著想想「我的安全地帶」在哪裡，又或者是哪個對象，如果發現了合適的人選，請和那個人保持良好的關係。如果找不到自己的心理安全地帶，至少要試著去心理諮商中心看看。除此之外，只要不是潛意識裡希望某些人看見自己日記的內容而隨意放置，日記本也是個非常安全的空間。

但即使身處安全地帶，要將心裡的話全說出口也不是一件容易的事，這是因為我們從小說話的機會就不多。在孩子剛開始學會說話的時候，父母親還會露出開心的表情，不停地鼓勵孩子多說話。但當孩子長到五、六歲，已經很會說話的時候，父母親反倒不太聽孩子說話了。這一方面也是因為他們太忙了，只想著要盡快解決問題，所以根本不會花時間聽孩子說話。孩子們顧著看父母的臉色，就算真的有想說的話也會忍住，只做父母希望自己做的事，因為只有這樣才能夠讓爭執平息，能夠快一點吃到飯。孩子試著想說點什麼的時候，父母經常會用「小小年紀就會頂嘴」等話語指責孩子，導致孩子又再次把自己想說的話吞回去。這樣的情形在韓國社會又尤其明顯，比起提出問題或是說出自己的意見，我們的社會普遍會有「沉默是金」的想法，這樣的社會風氣也讓人們能好好說話的機會變得更少了。在學校上課的時候，因為是填鴨式的教育方式，學生會被要求安靜地學習知識，沒有什麼提問和說話的機會。小時候的我們會希望就算我們沒把心裡的話說出來，對方也能夠理解我們的想法，並安慰我們。問題是就算我們已經長大了，心中還是存有這種小時候面對問題的模式。成年之後，我們只能主動解決問題，而主動解決問題的第一步就是要準確地表達自己的感受和想法，請時時刻刻想著「我不要再依賴小時候解決問題的方式了」，不斷地試著把話說出口。

在跟別人說話的時候有兩點非常重要，那就是不能強迫對方和自己對話，或是進行單向的對話，這麼做只會讓好不容易形成的安全地帶崩塌。有一個很好的詞語能幫助我們時刻謹記這樣的對話態度，那就是「非暴力溝通」。馬歇爾．盧森堡（Marshall B. Rosenberg）過去一直在研究能夠解決矛盾並建立感情紐帶的對話方式，最後他創造出了「非暴力溝通」這個概念。如果想了解更詳細的內容，他的著作《非暴力溝通：愛的語言》中有詳盡的介紹。但我想，光是這個詞本身就已經完整傳達了它要表達的意義，我們必須要清楚地知道自己說的話對其他人來說可能會是一種「暴力」，所以說話時千萬要多加留意。

說到這，我突然想起過去曾發生過一件和這個概念相關的事。這是在我家老么就讀國中一年級時發生的事，當時我正和老么一邊聊天一邊吃著晚飯，就在這時候，老大突然說有急事要說，打斷了我們兩個人的對話。當時我不得不停下來和老大說話，老么看見後突然重重地敲了一下餐桌，接著對我說：「妳現在有在聽我說話嗎？」話一說完，大家都笑了出來，一方面是因為他的表現實在太戲劇化了，生氣的樣子就像是八點檔的主角一樣，讓人覺得好氣又好笑，一方面是因此生氣的樣子太可愛了。但站在客觀的角度，當時老么並沒有做到非暴力溝通，他表現出了對方一定要聽自己說話的高壓態度，且在狀況不如自己想像發展時就朝對方發火。但如果站在老么的立場上來看，可能會覺得突然打斷對話的人才是真的行使暴力的那一方，也難免會對將自己丟在一旁、選擇聽他人說話的媽媽感到失望吧！

這樣的情況在成人之間其實經常發生，尤其是在人際關係矛盾中，受害者自然會覺得自己有向對方討回公道的權力，同時也會認為對方應該要無條件接受自己的所有言行。那麼同樣地，如果我們是身心受到傷害的「患者」，就會認為家人們理所當然要聽我們說話，滿足我們的各種需求，這樣的態度在他人眼裡可能也會成為一種暴力。因此，我們必須要時刻謹記，就算是在這樣的情況下，也要努力達成非暴力溝通。不管我有多少話想說，從某種角度來看，我是一個「賣」話的人，對方則是「買」話的人，所以應該要謹守最基本的待客之道。既然是為了解決問題而說話，那就更應該要好好地說。

Chapter 3

對媽媽來說，格外艱難的育兒煩惱處方箋

在第一章和第二章中，我們將成為媽媽後最常遇到的問題分成生理和心理兩個部分，做了詳細的探討。除了生理和心理上的問題之外，有些育兒煩惱對媽媽們格外艱難，不知道該如何處理。因此在第三章中，我會聚焦在平時進行心理諮商時，最常從年輕媽媽那裡聽到的煩惱，也就是以下這四個煩惱。

1. 常常對孩子生氣
2. 總擔心孩子無法好好地長大
3. 對完美育兒的執著
4. 對母愛不足的擔憂

上述的問題有兩個共通點，第一個是這些問題都必須要解決，第二個是都跟媽媽本身的罪惡感有關係，因此我們更需要好好了解這些煩惱。可能有些媽媽會覺得自己並沒有這樣的困擾，但這可能只是目前沒遇到這樣的情況而已。在這場被稱為長程馬拉松的育兒過程中，至少會遇到一次上述的問題，所以我希望能藉此機會和大家一起思考一下這幾個問題。

對孩子發火的真正理由：看到孩子就會莫名感到生氣

憤怒可說是壓力管理中最重要、也最令人感到吃力的情緒了，因此在討論憤怒這個情緒時會有許多需要觀察的事物，但因為這本書本身主題的關係，我會將討論的範圍縮小到媽媽們對孩子生氣的情況。

上一章已經提到必須要區分育兒壓力和其他壓力，所以其實結論已經出來了。如果媽媽們仔細去回想自己會生氣究竟是因為孩子，還是因為其他壓力，答案應該會是後者。如果是後者的話，其實就不應該說「看到孩子就會莫名感到生氣」，而是應該說「我（因為某個原因）在生氣，但莫名地會把氣出在孩子身上」，只是稍微換個說法，就能感受到其中的差異性了。只要能像這樣轉換想法，就能大大減少對孩子發火的頻率。

那麼，為什麼媽媽們總會忍不住對著孩子發火呢？背後的原因大概可以分成兩種。

第一個原因，是因為孩子就在妳身邊，丈夫一大早就見死不救地逃跑了，其他人也都在距離自己很遠的地方。公司裡總是讓妳恨得牙癢癢的上司，至少也在好幾公尺之外，但孩子卻緊緊地黏在妳的身邊。心情好的時候會覺得這樣的距離讓人感到幸福，有時卻充滿了負擔。如果孩子在大熱天還總是黏在妳身上，難免會感到煩躁；同樣的道理，如果妳正在氣頭上，怒火就好比是酷暑中的熱氣，在這種狀況下，就算天使來到身邊，也無法減少半點怒氣，又更何況是孩子呢？

第二個原因，則是因為孩子看起來比其他會誘發自己壓力的人都好欺負。當我們向某人發火的時候，對方通常都不會乖乖地待在那兒不反抗。先不說不會逆來順受了，甚至還會反咬妳一口。但孩子就不一樣了，他們在發現媽媽生氣時的第一個反應就是畏縮，停止手邊的動作，看媽媽的臉色。這時候生氣的那個人，也就是媽媽的「控制欲」就能暫時得到滿足，並產生錯覺，誤以為自己達到了原本所期待的目的。如果將怒氣比喻成氣球，就像原本鼓鼓的氣球，在發火的同時將內部的壓力排到了外面去。將壓力釋放出來，心裡當然會覺得比較舒服，但這都是暫時的，我想大家應該也都很清楚這樣的紓壓方式撐不了多久吧？

當然，媽媽們不可能會對老老實實待在那裡的孩子生氣，一定是孩子做了某種行為，才會讓媽媽們抓著這件事發火。雖然媽媽們在抓住孩子錯誤的行為時，得到了發洩自身怒氣的機會，但這麼做反倒會讓問題變得更加複雜。雖然孩子看起來好像學會觀察媽媽的心情，順著媽媽，但這種順從只是暫時的，孩子只會變得越來越不聽媽媽的話。當孩子不停地對生氣的媽媽說「我錯了」，這種不斷重複的過程只會造成反效果，孩子並不會真的反省，也不會改正自己的行為，他們之所以跟媽媽認錯只是不想面對那一瞬間的衝突而已。這麼一來，媽媽只有越來越生氣，孩子才會「暫時」變得聽話，到最後甚至會產生報復心態，為了讓對自己發火的媽媽更生氣，做出更過分的舉動。我們在面對經常對自己發火的人時，是沒有辦法像過去一樣愛對方、尊敬對方的，因此對孩子洩憤這種行為，到頭來對媽媽一點好處也沒有。

解決這個問題的大原則就是即使會很辛苦，也要先找出自己生氣真正的原因，並解決它。如果真的覺得很困難，就先到孩子不在的空間，試著深呼吸，又或者是用其他事情轉移自己的注意力。在怒氣平息之後再重新回到孩子身邊，千萬不要把自己的情緒全都轉移到孩子身上。先不談倫理和道德層面，這其實是一件非常現實的事情，等孩子到了青春期，他們從父母那裡承受了越多，反撲就會越大。青春期孩子反撲的力量是十分可怕的，這也讓我每次在幫青春期的孩子和他們的父母一起進行諮商後，都會感到筋疲力盡。青春期是處於小孩與成人之間的階段，心理上還不夠成熟，在諮商的時候就自然會經常表現出蠻橫無理的樣子，那個樣子往往會讓父母們感到心寒、無言以對。對父母親來說，雖然平時會對孩子發火，但他們在將孩子養大的過程中也付出了相當多的愛，無法理解為什麼孩子們只記得自己不好的那一面。面對這樣的情況，其實很多時候就連諮商心理師也束手無策。

雖然要在自行平息怒火後再靠近孩子並不容易，但我們心裡必須要很清楚一點，那就是如果不這麼做，未來可能必須面對更加窘迫的情況。所以就算是自言自語，一生氣就唸著「對孩子生氣我就輸了」也好，必須時刻為了不遷怒於孩子而努力。

恐懼引起的憤怒

那麼，現在讓我們來仔細分析為什麼媽媽們那麼容易生氣吧！我想最容易引發媽媽們怒氣的第一個原因絕對是「不公平」。如果在生完孩子之後，還要同時兼顧工作和家務，憤怒的情緒會更加明顯。另外，那種覺得其他人都過得很好，只有自己還停留在原地的疏遠感和自卑感也會引起憤怒。關於這點，我們在前面的章節有稍微提到過，所以現在我想帶大家看看另一種情緒，也就是恐懼。

我們只要感到恐懼就會生氣。如果要說得更準確一些，應該說是雖然害怕，但不知道該怎麼解決時，我們就會生氣。法律兼倫理哲學家瑪莎・努斯鮑姆（Martha C. Nussbaum）在她的著作《對他人的憐憫》（The Monarchy of Fear: A Philosopher Looks at Our Political Crisis）之中曾說過，憤怒是恐懼的產物，她同時也在書中提到愛也會引發恐懼。根據努斯鮑姆的說法，我們會希望親愛的家人能夠過上好日子，自己也能得到幸福，但當我們面對這樣的渴望，卻意識到自己的力量根本不夠，不知道該怎麼做才能得到幸福時，就會對這樣的不確定性感到恐懼、憤怒。

英國倫敦大學神經科學領域的教授畢・羅托（Beau Lotto）在他的著作《慣性思考大改造》中甚至說過，憤怒是一種非常強烈的知覺妄想，會讓人認為自己對是非的判斷都是正當的，並帶來「確定性」。羅托表示，當我們處在不確切的情況下，就會產生責怪「某個人」或是「某件事物」，並為此感到憤怒，「不確定性」就會減少，恐懼也會跟著消失的錯覺。假如羅托的主張正確，那麼我們真正需要生氣的情況可能非常少。現在各位能稍微理解，為什麼媽媽們總是對著眼前的孩子發火了嗎？

如果要說恐懼的話，其實幼兒的感受會比成人更加強烈。因為站在他們的立場上來看，唯有別人（父母）幫自己處理所有的事情，他們才能夠繼續活下去，這也是為什麼小孩子只要一下子沒看到媽媽就會哭鬧。那麼，恐懼感如此強烈的孩子又是如何度過每一天，長成如此了不起的人呢？

首先，幼兒和大人不同，他們無法認知不確定性。雖然出於本能，他們知道某些情況會讓他們感到不適，但因為這樣的狀況尚未概念化，只要不適的狀況能夠得到解決，他們的恐懼也就會跟著消失。另外一個理由則是，因為他們時刻都享受著父母親無限的愛，所以充滿不確定性的情況每次都能圓滿落幕；同時也是因為這個原因，他們似乎根本不會把父母親的幸福放在眼裡，就這麼當著爸爸媽媽的王子、公主，過著幸福快樂的生活。他們不會去管爸爸媽媽的肚子餓不餓，是不是生病了，只關心自己有沒有被餵飽和自己的痛苦，享受著這極度自私的愛。他們成功地擺脫恐懼，一步一步走向世界，接著將自己所得到的愛回饋給這個世界和他們的父母。

假如每當我們覺得辛苦的時候，都能夠得到這種極度自私的愛與支持，心中的不確定性就會減少，也不會再感到害怕。當然，也不會感到憤怒。但這在現實中是不可能達成的，所以我們能做的也只有接受這樣的情況，盡可能不要感情用事，專心做好自己當下能做的事。這樣的話聽起來有些虛浮，但其實我們都已經以這樣的方式在過生活了。

在所有的恐懼之中，最強烈的是什麼呢？我想應該就是對死亡的恐懼了。死亡之所以那麼讓人害怕，其中一個原因就是我們根本無法預知自己什麼時候會碰到，也就是說死亡具有最高的不確定性。儘管如此，我們之中大多數的人依然選擇接受自己總有一天會死的事實，學習不在面對死亡時表現得歇斯底里，好好做好今天該做的事。甚至還會規劃一個月後、一年後、十年後的事情，即便自己可能會在這期間死去。

我們人類就是如此大膽、豁達的生物，從某種角度來看甚至可以說是對其他事物漠不關心，擁有強大抗壓性的奇才。但為什麼唯獨在面對自己的家庭時，會完全忘卻自己抗壓奇才的本性，總是擔心這、擔心那的呢？

這其實是因為我們太愛孩子了。孩子看起來是那麼脆弱，這讓我們自然而然地會認為自己應該好好保護他、撫養他長大。這樣的愛固然十分偉大，值得我們花一生去守護，但如果這樣的愛會引發強烈的恐懼感，就應該要靜下來好好思考，這可能不是愛，而是執著。我們能做的只有盡今天最大的努力去愛，至於這份愛會帶來什麼樣的結果，就不在我們能控制的範圍了。這就像就算今天盡了自己最大的努力活著，還是可能會在某個瞬間突然離開這個世界一樣。

把育兒和死亡放在一起討論，多少會讓人感到有些彆扭，但這就跟我們害怕終將到來的死亡，卻還是不會放棄今天能活得幸福快樂的機會一樣。不要過度執著於已經規劃好的未來家庭藍圖，過得戰戰兢兢，推遲能和孩子一起快樂又幸福地度過這一天的機會。就算孩子看起來完全沒有遵照「我的想法、我的人生規劃」生活，也沒有必要生氣。其實說穿了也沒有生氣的理由，因為未來本來就不會按照「我的想法和我的人生規劃」發展。如果孩子的行為有什麼問題，當然可以糾正他，但孩子們經常會把爸媽糾正自己的言行當作是在對自己發火。當妳板起臉來告訴孩子他犯了什麼錯時，孩子可能會這麼問：「媽媽，妳生氣了嗎？」媽媽們應該要這麼回答：「沒有，我沒有生氣。就算你做錯事，媽媽也會永遠愛你，我對你的愛比天還高，比地還遼闊。但錯誤的行為本來就應該要改正，你說是不是？」只要媽媽這麼回答，孩子就會找回小天使的本性，點點頭乖乖認錯，接著投入媽媽的懷抱之中。

前面提到，孩子克服恐懼的秘訣就是得到他人無限的愛，如果能夠被這樣愛著，孩子自然就能建立自尊感。遺憾的是，隨著年齡的增長，想要守住自尊感成了一件困難的事情，因為人在逐漸長大之後，光靠父母的愛是不夠的，唯有繼續從朋友、伴侶、職場同事的喜愛，才能夠繼續維持自尊感。在比現在年輕一點的時候，會覺得在某個地方一定會有愛我們的人，但成為媽媽之後，能夠獲得愛的人似乎變得非常少，總是覺得現在比起獲得愛，要付出的愛似乎更多。但這世上還是有個非常愛媽媽的人存在的，那個人就是我們的孩子啊！媽媽們是不是其實在心裡偷偷將愛分了級別呢？難道孩子給妳的無限信任和愛就沒那麼甜蜜了嗎？又或者妳其實在心裡想著「這份愛無法滿足我，我想要的是另一種愛」呢？明明就已經從孩子身上得到了充分的愛，卻總是羨慕那些無法獲得的愛，所以心裡才會覺得空虛，覺得自己不幸福不是嗎？

如果再活得久一些，各位就會明白，世上沒有任何一種愛，能夠比媽媽和孩子之間的愛更純粹、更強大了。不僅僅只是因為孩子本身就是一種純粹的愛，同時也是因為在媽媽的人生當中，除了這個時期之外，再也不會有能夠感受如此純粹又強烈的愛的時候了。因為這是一份即便感到害怕，還是會鼓起勇氣保護孩子的愛，是一份即使無法得到同等的回報，還是會不停給予的愛，是一份就算會讓人有種「竹籃打水一場空」的空虛感，還是會奮不顧身投入其中的愛。我想用「像鑽石一樣的愛」來形容這份愛，這是世上最堅定的愛。就像擁有鑽石的人不會擔心自己得不到金和銀一樣，既然我們已經擁有過這世上最巨大的愛，就再也沒有什麼好害怕的了。

平息怒火的方法①：試著將想法和情緒寫下來

雖然前面有提到因為害怕而生氣，但並不是每次生氣都是因為恐懼。不管原因是什麼，請寫下自己的想法和情緒，接著回答下面的問題。

- 這個想法和情緒都是事實嗎？（這是否只是我的誤會？）
- 這個想法和情緒現實嗎？（真的有可能會這麼想，或是有這樣的感受嗎？）
- 這種想法和情緒對我的孩子或家人的幸福有幫助嗎？（會不會造成什麼不好的影響呢？）

有些媽媽非常討厭孩子說謊，每當孩子說謊就會大發雷霆。這些媽媽心裡會想：「絕對不能夠說謊，一旦說謊就完蛋了。」說謊當然不是什麼好事，但是不說謊和家人的幸福有絕對關係嗎？還有這樣的想法真的現實嗎？簡單來說就是有辦法一輩子都不說謊嗎？即使如此，只要發現孩子說謊，就不能袖手旁觀，因為不糾正孩子的行為，他們可能一輩子都學不到不說謊就能解決問題的辦法。所以我們該做的不是不停發火，而是好好教導孩子正確的解決方式，避免這樣的情形再次發生。

只要冷靜下來好好思考自己生氣的原因，就不會對孩子發脾氣了。要對別人發火的時候，對方至少要和我們有著同樣的精神年齡。而孩子的精神年齡很明顯比我們還要低，所以他們不該是我們發洩怒火的對象，而是一個需要用愛來引導的存在。

在諮商室裡會遇到許多不同的患者，偶爾也會遇到無法控制情緒的患者，每當狀態很不好的時候，只要候診的時間稍微長了一些，就會無法抑制自己的怒火，在門診負責接診的護理師們也因此受了很多苦。有一天，某位患者氣得大吼大叫，甚至還罵了非常難聽的髒話，我在診療室裡聽到的時候也感到很尷尬。結束上午的門診後，我到掛號的櫃檯看了看護理師的臉色，問她：「妳還好吧？妳都不生氣嗎？」她當時是這麼回答我的：

「雖然不是完全無所謂，但我沒有生氣。我要怎麼對一個因為被害妄想症太嚴重而無法控制情緒的人生氣呢？今天候診的時間比平常還要久，我想他應該是覺得自己的感受沒被照顧到吧！」

沒錯，雖然孩子有時候會不小心傷到我們的心，但只要一想到他們的心理狀態尚未成熟，依然是個需要被照顧的存在，就不會那麼生氣了。我們有時會對人生產生懷疑，也一定會有覺得「我的愛和奉獻」都化為烏有的時候，但發火是沒辦法解決問題的。

平息怒火的方法②：深呼吸，靠對話來分散注意力

如果習慣性會對孩子發脾氣，請照著下面所寫的方式做做看。

1. 請遠離孩子並深呼吸。

吐氣的時候，試著想像自己正在將心裡的怒火一起吐出去，發出類似「呼……」或是「噓……」的聲音，效果會更顯著。

2. 請事先決定好生氣時該做些什麼並付諸行動。

這也可以說是一種分散注意力的戰略，對平息怒火非常有效。生氣的時候容易變得口乾舌燥，這時候就很適合喝點水，放鬆原本緊張的情緒。如果能夠聽點音樂，或是進行跳舞等會讓人感到愉快的活動就更好了。同時，我也很推薦做一些能夠直接發洩怒氣（攻擊性）的活動，例如像是射玩具飛鏢，如果有沙包就更好了。吃冰淇淋或甜甜圈除了能夠消氣之外，本身就是一件非常快樂的事，但必須注意的是，我們的潛意識可能會為了吃這些美味的東西，產生要經常生氣的想法，一定要小心。

3. 和與妳精神年齡差不多的人聊聊。

所謂精神年齡差不多的人，應該是丈夫、朋友、父母或是其他熟人，但絕對不會是孩子。開口的時候最好用類似「我為什麼總會對孩子發火呢？」等問題作為開頭。人們被要求做某些事情的時候總會覺得有壓力，但在面對他人的提問時，大多都能夠欣然接受，並提供幫助。

4. 清楚地告訴另一半自己在什麼樣的狀況下會生氣。

但要記得，說話的時候不要使用情緒化的語氣，必須以溫和的方式告訴對方。用「我在……的狀況下會很生氣」、「我很討厭……的狀況」等具體又準確的方式告訴另一半自己正在承受某種壓力。用說的最好，但用簡訊或是信件也沒問題。與此同時，也要傾聽「丈夫生氣時的情況」，理解對方對什麼感到有壓力，盡量避開會引起另一半壓力的情況。如果未來發現自己在某些情況下也會感到生氣，不要馬上發火，只要試著冷靜下來，好好告訴另一半就可以了。

當然，也是會有一些狀況是上述的方法無法解決的，有些問題需要長時間的努力才能解決（其實和育兒相關的問題大多都屬於這一類），有些問題則是看似沒有任何解決方案。這時候，可以試著使用我的著作《原來，我們內心有一間解憂藥局》中提到的方法。心理學家索妮亞．柳波莫斯基（Sonja

Lyubomirsky）曾在她的著作《幸福的神話》（The Myths of Happiness）中提出一個「看起來很笨的方法（柳波莫斯基對此方法的形容）」，她要讀者們將所有和麻煩問題有關的東西，例如信件、日記、照片等物品放入某個容器中，並試著將它封印起來。我針對她的這個方法做了一些調整，改為試著拿出每個人家裡都有的瓷器或是罐子，在那裡面放入覺得自己並沒有完美解決的問題。大約過個六個月到一年之後，再拿出來看看吧！這時候妳會發現，這個問題意外地得到了解決，甚至會覺得為這個問題煩惱根本一點意義也沒有，讓人忍不住懷疑起「為什麼當時我會為此感到如此苦惱呢？」但如果重新拿出這個問題時，還是覺得這件事對自己來說非常重要，那就要尋找新的解決方案。

我建議各位可以嘗試看看「洗碗冥想」。我們一天至少會洗一次碗盤吧？請試著把堆在廚房水槽裡的碗盤當作是今天感到生氣的事、傷心的事或是心中覺得很可惡的人，用洗碗精把碗盤刷乾淨後，接著用溫水洗淨，與此同時，將生氣的情緒也一併沖掉。全部洗乾淨之後，像是把今天被折磨得有些扭曲的心重新放回原位一般，將碗盤整整齊齊地排列好，一邊喊出「結束洗碗！」一邊「結束」今天的憤怒。告訴自己「妳現在能夠安穩地入睡了」，接著抱抱孩子，跟他說聲「我愛你」，為孩子讀床邊故事。第二天早上起來時，妳會發現自己的臉變得閃閃發亮。

這樣的閃亮，只有在克服妳的「心」時才會出現。其實要克服心中的憤怒，讓自己的情緒平復下來並不是一件容易的事。妳在閱讀這本書的時候，之所以會覺得我把這件事寫得很容易，其實只是因為我想說服妳這麼做，才會盡量讓這件事看起來沒那麼困難。控制自己的情緒是那麼困難，但妳終究還是做到了，取得了精神上的勝利，所以妳的臉和眼睛才會閃閃發光。用這閃閃發光的臉龐走進孩子的房間，對著還在甜蜜夢鄉的孩子說聲我愛你吧！孩子是每天都要攝取愛才能生活的存在，就算昨天從很多人那裡得到了愛，今天還是一樣會感到飢餓。雖然這樣的話已經是陳腔濫調了，但我們的人生光是要愛彼此就夠忙的了，更何況是在成為媽媽之後呢？為了照顧孩子，根本沒有任何力氣生氣了。除了必須要認真對待的事情以外，面對人生中的其他事情時別看得太過嚴重，試著用輕鬆的方式對待，因為唯有這麼做才能夠保留精力尋找自己的幸福。我們總不能只當「某個人的母親」就這麼結束一生吧？我並不是說這麼想有什麼問題，只是大部分的人都無法滿足於此。

不要對孩子發火，請解決問題

雖然前面都在告訴各位不要對孩子生氣，但這並不代表媽媽們就必須要無條件地壓抑自己的怒火。重要的是妳生氣的理由，我們必須要學著解決背後的原因，而不是無理取鬧。

此外，要各位不要對著孩子生氣，並不代表只要對孩子發火就會造成不可收拾的後果。如果真的不小心生氣了，心中對孩子感到有些歉疚，就好好地道歉，只要記得不要總是重複同樣的情況，一而再、再而三地對孩子發洩怒火就好了。如果時常被父母親的怒火波及，孩子的大腦便無法形成能夠處理壓力的迴路，那麼在孩子長大之後，每當他們感受到壓力，就會陷入極大的混亂之中。因此在生氣之前，應該要抱持著解決「引發怒氣的原因」的想法。光是兩個人生活在一起，就會遇到很多問題了，如果兩個人之間再加上一個精神年齡比我們還要低上許多的孩子，需要解決的問題自然會多上許多。人生就是在解決一個又一個的問題，這句話說得一點也沒錯。

如果不想無緣無故生氣，就要試著從孩子的角度去解決問題，用孩子的視角去看問題會有很大的幫助。當孩子「又」想要買昂貴的機器人時，如果真的沒那個預算，或是不符合父母親本身的價值觀，千萬不要有「就沒錢啊！你想要我怎樣」或是「一定要藉這個機會好好唸他一頓」的想法，並對孩子生氣。我們可以試著從孩子的角度尋找其他能滿足他們的方法，例如找找其他人家裡沒有，只有我們家才有的東西吧！幼蟲、金龜子、蚯蚓、烏龜或是小雞，什麼都可以。接著讓孩子邀請朋友來家裡一起玩，當一群孩子聚在一起觀察可愛的生物，勢必能度過一段快樂的時光。第二天上學時，孩子的朋友自然會再去問孩子之後能不能再一起玩，這時候的孩子早就已經不記得自己想要機器人了。如果沒辦法養昆蟲或動物，也可以在孩子們的朋友來家裡玩的時候，放手讓他們玩麵粉遊戲，或者是帶著孩子們去公園，讓他們在沒有其他人的地方盡情玩水槍。不過前提是要先取得其他小朋友媽媽的允許，畢竟在不知情的情況下，看到孩子的衣服沾滿麵粉，或是整個人濕答答地回家，任誰都會嚇一大跳的。

孩子想要的其實非常簡單，那就是像他們羨慕別人一樣，希望朋友們也能夠「羨慕」自己。只要解決了被人羨慕的欲望，孩子就不會總是纏著你要買這個、買那個了。相反地，如果不去滿足孩子的任何一個需求，無條件要他們忍下心中的欲望，孩子的內心就會出現「缺乏感」這個巨大的黑洞。

如果父母無法完全滿足孩子在物質上的欲望，可以透過讓孩子盡情玩耍，或是給予足夠的愛與關心來為自己加分，而這樣的相處模式也是最理想的。當滿足孩子的事涉及金錢時，夫妻兩人不同的價值觀也可能會造成問題。在這樣的情況下，最好是讓對某個領域比較有自信的人當「隊長」，只要是跟那個領域相關的事，就要聽「隊長」的指示。雖然主要是讓爸爸媽媽輪流當隊長，但偶爾以開玩笑的方式讓孩子也試著當看看隊長的角色，這也會是個很有趣的經驗。

只要確定為了解決問題該前進的方向，就不要再回頭看了，因為無論什麼樣的解決方式都必定會存在遺憾，所以我希望各位能夠堅定地向前。大家應該都知道希臘羅馬神話的一個故事《奧德修斯與賽蓮女妖》吧？賽蓮是能夠迷惑人心的女妖，在經過賽蓮所居住的小島之前，奧德修斯為了杜絕所有被迷惑的可能性，他叫船員們將自己綁在桅杆上，接著為了避免自己在被賽蓮迷惑之後，會求船員們為自己鬆綁，他甚至要船員們用白蠟封住雙耳，讓他們聽不見自己的哀求。在經過賽蓮所居住的小島時，正如奧德修斯所料，他被女妖的聲音給迷惑，在桅杆上不停地掙扎，要求船員們為自己鬆綁。但船員們的耳朵被白蠟封住，根本聽不見奧德修斯的呼喊。最後，奧德修斯的船隻安全地經過了賽蓮所在的小島。從這個故事中，我們會發現就連奧德修斯這樣一位身經百戰的老將，也不會過於相信自己的意志力，而像我們這種普通人，要論意志力的話，是很難比奧德修斯更強大的。所以作為平凡的父母，我們應該比奧德修斯更努力隔絕這世上各種嘈雜的聲音才是。

如果已經決定不再買昂貴的機器人給孩子，無論孩子哭鬧得多麼厲害，都要想辦法轉移他的注意力。等孩子年紀大一點，再好好跟他說明不買機器人給他的理由，千萬不能臨時反悔，孩子一哭就妥協。雖然當下會覺得孩子似乎受到了傷害，但從最終的結果來看，這對孩子是有好處的。等孩子再長大一些，他們就會這樣告訴朋友們：「在我們家，絕對不能買重複的東西，不過爸爸媽媽會給我別的……」這麼一來，孩子的朋友們會張大眼睛認真傾聽，像是在聽什麼從來沒聽過的故事。當孩子看到朋友們這副模樣時，心中對父母親的愛就會再次湧出。

只要將「不要對孩子發火，請解決問題」這句話銘記在心，守護家庭的和平與幸福就不會是如登天般困難的事了。

媽媽的育兒焦慮：我總擔心孩子無法好好長大

來到諮商室的媽媽們最常有的煩惱就是剛剛討論過的「對孩子生氣」，第二多的煩惱則是「擔心孩子無法好好長大」。其中這種擔憂也是出自於太愛孩子的心，越愛就會越害怕、越不安。人生原本就充滿不安了，現在又要擔心對自己而言最珍貴的孩子會出什麼問題，整個人只會變得越來越焦慮。

但是和其他的不安相比，「育兒的不安」在某種程度上是能夠透過想法或行為的改變而減少的。孩子的年紀越小，能夠移動的範圍就越小，他們會像向日葵看著太陽一樣，只看著媽媽，所以只要好好地保護孩子，其實基本上不會發生什麼令人擔心的事情，媽媽們那顆不安的心才是「育兒的不安」背後的真正原因。

關於孩子無法好好長大這句話，我想每位媽媽的定義都不同。但在這裡，我會將這句話定義為「身體和心靈沒有正常發育，無法愉快地享受自己的生活」，以這個概念作為標準，審視育兒過程是否真的存有缺失。

當我們以上述這個概念作為判斷基準時，孩子可能無法好好長大的情況如下：

- 當孩子遭受虐待或被以粗暴的方式對待時
- 當孩子請求幫助，卻選擇無視時
- 對孩子放任不管，不關心孩子時
- 不提供孩子生活必需的食衣住行時
- 認為自己是孩子的所有者，過多地干涉或控制孩子的行為時
- 批評、蔑視或鄙視孩子，讓孩子感到羞恥時
- 父母親陷入過度的自我陶醉，並表現出完美主義的態度時

如果孩子受到虐待，不只身心會立刻受到傷害，他們的靈魂也會受傷。孩子可能會因為父母親的放任、無視或過度的控制，無法完全認可自己的存在，同時也會喪失生活的目標與動機，陷入無盡的徬徨之中。曾有這些經歷的孩子們大致上會有兩種應對方式，一種是將自己的傷口深深地壓在心底，另一種則

是用行動表達自己受傷了。前者可能會表現出憂鬱、畏縮和極度不安的樣子，後者則會表現出反抗、具攻擊性和復仇心態。也是因為這個原因，最近的電視劇或電影在描述精神疾病患者的童年時期經歷時，無一例外地都會出現遭受父母親虐待的場面。將受到的傷害化為行動的狀況如果太過嚴重，就很可能患上精神疾病；而壓抑創傷的情形過於嚴重，就會脫離現實，罹患妄想症或是產生幻覺。如果演變成這樣的情況，就真的是「沒能好好長大」了。

但我想，至少會讀這本書的人，應該沒有人會像上述的情況那樣對待孩子，所以各位大可放心。只要沒有發生上面所說的情況，孩子沒能好好長大的可能性其實是非常低的。假如沒有上述那些行為，還是覺得孩子似乎沒有好好長大，首先應該要思考所謂「好好長大」的定義是什麼。也許孩子也是在依照自己的獨立性和自我認同成長，只是這樣的成長方式正好和媽媽的標準不同而已。即使這樣的獨立性無法幫助孩子通過大學入學考試，無法幫助孩子進入理想的職場，但那也絕對不能說這樣的方式就是錯誤的。很多媽媽都會認為孩子要以和別人差不多的平均值成長，自己才算是有好好養育孩子，所以只要孩子稍微偏離這個標準，媽媽們就會急得跺腳。

當一個隸屬於平均值的人有很多優點，如果具備平均值的學歷和資歷，看起來就會像個平均什麼事都能做到的人，也會得到更多能夠過著平均值生活的機會。將平均值的生活換句話說，其實就是安穩的生活，大多數父母都會希望子女能夠安穩地融入這個社會，安穩地步入下一段人生，例如上大學、就業、結婚和生子等。唯有過著安穩的生活，才有機會能夠得到更好的發展，因此為了讓孩子能活在平均值所做的努力是有其價值的。

但就算真的平均地完成了所有任務，如果孩子自己感到不愉快，甚至感到自己的靈魂正在逐漸枯竭時，這所謂安穩的人生也會逐漸崩毀，例如離婚、離開工作多年的公司，甚至還會因為某些荒腔走板的行為，讓自己的經濟狀況陷入危機。

在擔心孩子能不能好好長大之前，首先要思考所謂的好好長大究竟是什麼。孩子長大成人後，必須要對自己的食衣住行負起責任，所以應該要具有相應的能力。除此之外，能夠認可自己存在的價值，對自己的人生有責任心，能夠和周遭的人一起快樂地生活著，這樣不就是有好好長大了嗎？以這樣的標準養育孩子，心中就不會經常感到不安了。

只要不是前面所說的那七種情況，孩子無法好好成長的可能性其實非常低。就算其中有一兩個情況是符合的，孩子也不一定就無法好好長大。會因為那樣的狀況受到傷害是肯定的，但孩子也有可能可以在父母以外的人身上得到幫助，克服心裡的創傷。

但也有可能會出現相反的情況。也就是說，就算父母並沒有做出上述的任何一種行為，也非常細心地照顧並保護孩子，孩子還是有可能沒辦法好好長大。舉例來說，孩子可能在成長過程中交錯朋友，或是遭受某種意料之外的牽連，進而做出一些不當的行為。但就算發生這樣的情形，只要平常親子間的溝通有做好，父母夠關心孩子，就能夠立刻察覺到孩子的不對勁，及時介入，阻止憾事發生。

孩子的生命力比大人還要更強大

在「擔心孩子無法好好長大」的煩惱之中，擔心孩子會生病的不安應該是讓父母親最焦慮的一個了。雖然不是說媽媽不去擔心，孩子就不會生病，但從結論來看，孩子其實比我們想像中還要更強大，他們的生命力和免疫力並不比大人差。不，應該說是比大人還要更強才對。在媽媽的肚子裡都能堅持十個月了，碰到小感冒或是一般的病痛，花不到幾天的時間就能恢復健康。孩子發燒或是咳嗽的時候，我們一般都會帶孩子去看病對吧？在經過醫師的診斷之後，我們會拿到一些藥，回家之後，也都會照著時間定時餵孩子吃藥對吧？就算送去幼兒園，我們也不忘再三叮嚀老師吃藥的時間。就這樣過了幾天，原本沒有半點活力的孩子又像是從沒生病過一樣，整天嘻嘻哈哈的，把家裡弄得亂七八糟。我年輕的時候總是很擔心孩子生病，每次孩子生病的時候，總是把自己搞得焦頭爛額。當時的我根本沒意識到原本病懨懨的孩子，怎麼總能在幾天之內就恢復健康，現在想想，就像發生了什麼奇蹟似的。年紀大了之後，就算只是感冒，都很難在幾天之內就好起來，但孩子之所以能夠在這麼短的時間內就康復，是因為有父母親迫切希望孩子能痊癒的心意、周圍人的幫助，最重要的還有孩子與生俱來的生命力，只有這些全結合在一起，才有可能發生這樣的奇蹟。

孩子的生命力就是如此強大，連媽媽的手都沒有碰過，就能在肚子裡堅持了十個多月才來到這個世上。「聯合新聞TV」曾在二〇二一年一月三十一日做了這樣的報導，在美國，大多數感染過COVID-19的產婦所生下的嬰兒都是帶著抗體出生的。針對一千名以上的產婦及新生兒進行調查的結果顯示，曾經感染過 COVID-19 的八十三名孕婦中，有七十二名孕婦透過胎盤將免疫球蛋白G（IgG）抗體轉移至嬰兒身上。整個大自然和神都在幫助我們保護孩子。

儘管如此，孩子生病的時候總會成為職場媽媽最想辭職的時候。丟下生病的孩子去上班時，每一位職場媽媽心裡都會產生「我也沒盼著要享受什麼榮華富貴，怎麼忍心丟下孩子自己來上班」的想法。但作為一名媽媽界的前輩，我想告訴各位，只要孩子不是病得非常嚴重，就要抱持著「就算孩子生病，日子還是要繼續過」的想法才行。就算昨晚為了哄因為發燒不停哭鬧的孩子完全沒睡，抱著孩子哭了整晚，只要今天有辦法將孩子託付給某個人照顧，就算心痛也要放下孩子，繼續妳原本在做的事。

其實當我們會拿「榮華富貴」這四個字出來說嘴的時候，背後的原因並不百分百是因為孩子。原本就因為孩子生病覺得很辛苦了，還要到公司忍受職場上的壓力時，妳會不會有這樣的想法呢？就算孩子生病了，如果上班的時候辦公室的氣氛很好，又或者是一天能賺一百萬韓元（約為台幣兩萬元），我也就不會說什麼「榮華富貴」了。在妳要做一些重要決定的時候，可能會在無意識的情況下拿生病的孩子當藉口，因此，我希望各位能夠勇敢地面對自己的人生，好好生活。

當職場媽媽認真考慮要不要辭職的時候，通常就是如前面所說的，孩子病得非常嚴重時。例如醫師明明說過一段時間就能痊癒，現在已經比預計的時間多了兩三倍了，孩子還是沒有辦法恢復健康的時候。在這樣的情況下，可能會遇到光靠孩子天生的生命力也無法承受的問題，如果沒有人能幫忙在家看孩子，父母親就必須要將所有心力放在照顧孩子身上，畢竟孩子都病得這麼重了，根本不可能再將他送到幼兒園或安親班去。如果孩子只是暫時有點小病痛，就要堅強地繼續過生活，但如果病情嚴重，在面對和孩子安全無關的事時，都要果斷地做出決定。只要心裡很清楚面對這兩種情形下該如何應對，日後就算孩子真的生病了，也不會過於惶恐不安。

如果真的因為孩子生病而不得不辭職，心裡便會冒出許多不安的念頭，像是「現在辭職的話，以後還能找到這樣的工作嗎？未來復職的時候，我的上司可能會是年紀比我還要輕的人，這未免也太傷自尊心了。」我曾經也有過那樣的想法。有一次，孩子感冒了半個多月都沒有好轉，我服務的醫院裡的醫師幫孩子換了幾種藥，也給了我很多建議，但結論是不到需要住院的程度，只要我再等一陣子看看。當時我很擔心孩子是不是有什麼別的問題，整個人變得極度不安，工作的時候總覺得做什麼都不順。那時我就在想，如果再過一週，孩子還是沒康復的話，我就打算提離職了。但下一秒，我的腦海裡就冒出了上述的那些想法，陷入了苦惱之中，但幸好孩子在那個週末就突然痊癒了，曾想過離職這件事也被我拋在了腦後。過了很長一段時間後，我偶然有了重新審視當時那些想法的機會。「現在辭職的話，以後還能找到這樣的工作嗎？」這個答案是肯定的，就算很難重新回到同樣的職場，但一定會有類似的地方的。不是因為沒有地方去而不去，純粹是因為「我不想」才不去的。隨著年齡的增長，我突然發現「上司成了年紀比我還要輕的人，這實在太傷自尊心了」的想法其實也是一種過分自戀。如果我因為養育孩子，停了一段時間才重新開始工作，當然會跟不上屆時的潮流，那麼，讓那些能夠完美掌握當下趨勢的人當上司，不是很理所當然嗎？如果我有足夠的實力，我就能追上對方，如果能力還不夠，就還要繼續學習。如果用職涯中斷這個詞，就會有種像是斷了手還是斷了腳一樣的感覺，似乎一旦面臨這個情況就再也沒有挽回的餘地，會讓人的心情變得很糟。但如果將這樣的情形說成是「因為有一段時間沒工作了，所以需要再適應」，就不會讓人感到喪氣了。

假如孩子已經病到需要父母親辭職照顧，卻還是因為某些理由死撐，硬是不提離職，在職場上也很難好好地工作，到頭來只會在職場上不停受到挫折，表面上看起來是在上班，但其實已經進入一個內部經歷中斷的狀態。一間企業最想要的人才，應該是一個能夠全心全意專注在公司的業務上，不被任何事情所影響的人，也只有這樣的人才有資格獲得升遷的機會。所謂職場，就是一個如此不人性化的地方。

成為媽媽之後，升遷、育兒、提高年薪和家庭的穩定之間必然會有矛盾，有時還會冒出：「明明別人就可以家庭事業兩得意，為什麼我的路就特別坎坷呢？」的想法，甚至開始埋怨起自己的八字。即使如此，如果決定要先提離職專心照顧孩子，之後再復職，我希望媽媽們都能記得一件事，那就是通往幸福的道路並不是只有一條而已。復職之後，就算過去職等比我低的人成了上司也沒關係，因為上司必須要承擔許多責任，在底下工作的我工作起來會更輕鬆，對於工作以外還有很多事情要忙的媽媽們來說，這反倒是一個非常好的職位。當然，能夠領到的薪水勢必會比上司還要低，但同時也可以得到更多能和孩子一同度過的時間，金錢並不是唯一的價值。

如果沒有孩子，大概到死都不會有這樣的想法，但如果是為人父母的人，就一定會認同世上沒有比孩子生病更可怕的事了。和孩子的健康相比，其他像是職等、年薪還是名譽等壓力，其實都取決於個人的想法。身處高位固然有它的好處，但即使事實並非如此，其實生活也能繼續過下去，這件事對是否能好好生活來說一點都不重要。

用兩句話做總結：在父母正常養育孩子的狀況下，孩子無法好好長大的機率非常低。雖然經常會有一些小病痛，但孩子本身的生命力非常強大，恢復的速度非常驚人，所以可以不用太過不安。

名為完美育兒的陷阱：總是執著於完美的育兒方式

前面列舉了好幾個會導致孩子「無法好好長大」的行為，同時也強調只要沒有那樣的情況發生，就不需要對這件事太過擔心。但有不少媽媽在某種情況下，可能會成為那個讓孩子無法好好長大的人，這樣的情況就是「表現出完美主義的態度時」。

完美主義對孩子和媽媽都是有害的

人之所以會有完美主義，是因為他們誤以為只要自己完美地控制好所有情況，就不會感到不安。處在充滿不確定性的情況下，只要能控制住一點什麼，心裡就會好受一些，進而產生「我正在好好地解決問題」的想法。但完美主義具有一個非常諷刺的特性，那就是當你越想完美地完成工作，就會距離完美越遙遠。只要是人就無法百分之百地控制所有情況，所以具有完美主義傾向的人，最終只會執著於某一部分的完美，而忽略了事物的整體性。

一般而言，媽媽們在產後突然表現出完美主義的情況非常少見，大部分都是因為她們原本的性格就是如此。那麼，是什麼原因讓人產生完美主義呢？大部分的說法都是成長過程中沒有得到父母親的認可。用完美主義的態度對待自己時，自己會感到不舒服，但在對待他人時，只要不會造成什麼傷害，就不是什麼太大的問題。事實上，其實也有部分的人因為有完美主義傾向，所以過著成功的人生，而完美主義者因為想要將自己維持在一個完美的狀態，所以幾乎不會有傷害到別人的狀況發生。

完美主義媽媽的問題出在，她們會把自己的這種想法套到孩子身上，不停地對孩子提出要求。要記得妳的孩子不是妳媽媽生的孩子，而是妳自己生的。妳是因為過去沒有從父母親身上得到足夠的認可，才會形成完美主義的性格，但妳的孩子不一樣，他應該要有機會得到尊重和認可。如果用一直以來的行事方式把能夠重新開始的寶貴機會給毀掉，就真的太可惜了。在這樣的環境下，孩子固然辛苦，妳自己也會被消耗殆盡。

用完美主義的態度對待孩子的人，是不可能在育兒中享受到完整的喜悅的。就算孩子符合妳的標準，妳的要求也不會停止，完美主義本來就是這麼一回事。但如果孩子們不斷地被要求做這做那的，最後可能就會說出「我討厭媽媽！」的話，接著逃跑。媽媽們想引領孩子前往的目標就算有多麼了不起，孩子們都絲毫不關心。

具有完美主義性格的人會拚命地想成為優秀的父母，他們會把為人父母這件事當成是自己一生的課題。但很遺憾的是，這類型的人大多數都只會對孩子表現出強制性的態度，除此之外，他們並不知道還有什麼其他方法。如果你本身有完美主義的傾向，影響你最大的父母親也是如此，就要時時刻刻注意自己是否總是給自己或孩子過低的評價，同時也要下定決心，告訴自己不要總是催促孩子再更努力一些。不要貶低自己，也千萬不要對孩子說任何會貶低他價值的話。要時刻想著「這樣就很好了，今天這樣就可以了」，有意識地進行自我滿足的練習。

即使沒有說貶低的話語，如果你經常使用「一定要、必須、世界上所有人都這樣、絕對、這是義務」等用語，也很有可能具有完美主義的傾向。我用每天晚上都要跟孩子吵個一輪的刷牙當作例子，比起「一定要刷牙，世界上所有的孩子睡覺前都會刷牙」、「不刷牙的絕對不是好孩子」等說法，換個比較柔和的方式告訴孩子「不刷牙的話，細菌就會到處亂跑，這樣也沒關係嗎？如果蛀牙的話牙齒會很痛，以後就不能吃好吃的東西了」，這樣的說法孩子比較能接受，也非常有效。如果都這麼說了孩子還是不刷牙，最後搞到牙齒蛀牙，這種時候就應該要帶孩子去牙科，讓孩子感受一下那種可怕的經歷，他們才會學著自己注意衛生習慣。

只要完美地養育孩子就可以的想法，會讓媽媽們誤以為自己能夠像神一樣控制孩子的人生。在我們的生活中，很少有機會能看到「最初」。出生之後，發現我們已經是某些人的子女，是某個國家的國民，就連自己出生的那一刻都想不起來了。但「我的」孩子是有「最初」的，他從我的肚子裡出來，來到這個世界的那一刻就是他的最初，而身為媽媽的我目睹了那個最初的瞬間。也正是因為如此，我們會產生只要從出生的那一刻開始完美地教導孩子，就不會產生任何問題，會變得更加幸福的幻想。不過孩子的「最初」真的是在出生之後嗎？又或者是他還是子宮裡一顆受精卵的時期呢？如果從遺傳基因學的角度來看，說不定還要回溯到好幾萬年前呢！從靈魂的角度來看，雖然孩子的確是在我的體內著床並成長的，但真要說孩子這個存在最初的起點在哪，就怎麼也說不清了。

在孩子看起來特別惹人愛的日子裡，媽媽會一邊揉著孩子的小臉一邊說：「哎呀！怎麼會有像你一樣的天使來到媽媽身邊呢？」孩子可能會這麼回答：「我在天堂裡有看到媽媽在祈禱喔！妳向神祈求能有一個像我這樣的孩子，所以我就來啦！」這種隨口說說的玩笑話究竟是胡謅，還是天堂裡的秘密，我們是永遠無法知曉的。生命是如此奧妙又是如此神秘，而孩子也就這樣神奇地長大，展開屬於他的人生。我們所能做的只有為這位天使打造一個安全的環境，讓他在地球上也能過著有趣的生活而已。

孩子有屬於他自己的人生

就算我們親眼見證了孩子的開始，也無法知道未來的結局會是如何。在我的朋友圈中，因為大家結婚和生小孩的年齡都有差異，所以有好一段時間，我們只要討論小孩的事情就很難有共鳴。一位朋友說孩子上了小學後變得好累，孩子已經在讀高中的朋友這時便露出覺得可笑的眼神，看著她說：「那樣就叫累啊？」

某一年的三月末，其中一位朋友的女兒剛開始準備重考大學，我們也正好在那時舉辦了一場聚會。近來就算是朋友，只要對方沒有先開口，就不太會開口問孩子的學業、就業和結婚等問題，所以一開始我們就只是靜靜地吃著飯。大概在吃甜點的時候，其中一位朋友突然哭著說：「我孩子出生的時候，我作夢都沒想到她十八年後會需要重考大學。」

因為知道那名朋友的女兒功課一直都非常好，所以我多少能理解她為什麼會哭。其他朋友們因為也經歷過孩子重考這件事，知道第一次面臨孩子要重考的情形時會是什麼樣的心情，所以這次並沒有說一些類似「我也經歷過啊！我的孩子已經重考第三年了，才第一次而已有什麼好哭的？」的風涼話。過了一會，另一位朋友開了口。

「我從沒想過孩子才上小學四年級，我就會被叫到學校去。聽說我的孩子跟其他幾個同學總是取笑剛轉學來的孩子，甚至還刻意孤立人家。一開始我還不停說是誤會，但後來證據越來越多，當時的我只覺得眼前一片漆黑，都快不認識自己的孩子了。」

另一位朋友則是這麼說的。

「我兒子一直以來都是個很文靜的孩子。上了高中後的某一天突然嫌喝醉酒回來的爸爸太吵，害他沒辦法專心念書，還抓著他爸爸的衣領不放。我跑過去將他們分開之後，我兒子居然揮拳揍向冰箱，把冰箱表面打出了個凹痕。後來搬家的時候，搬家公司的人問我說家裡面是不是有在讀高中的兒子，我問他怎麼了，他居然回答我只要家中有高中男生，家裡差不多都是這樣子，我當下真的不知道該哭還是該笑，實在太無言了。」

坐在她旁邊的朋友接話。

「不是啊！那個人怎麼那麼多管閒事啊？如果這麼了解的話，應該也知道為人父母的心有多累吧？就不能閉上嘴做他的事嗎？」

聽到這句話後，旁邊的朋友接著說了句：「他是想炫耀自己家不會發生這種事嗎？」一直到這時，聚會的氣氛變得沒那麼低迷了。

接下來，另一位朋友說的話讓大家全都笑出聲來了。

「孩子們的姑姑說把冰箱打到凹進去算是很斯文了，聽說有些人是一生氣就猛踢玄關的門，踢到搬家的時候還要把整扇門換掉呢！」

但當這名朋友繼續下一個話題時，氣氛又再度變得沉重。原因是那些孩子還小的時候，會覺得那是「只有在別人家才會發生的事」，過了二十年後就會成為「在我們家也會發生的事」了。

「也不知道孩子們的姑姑是去哪聽來這些話的。聽說有個自己開公司的媽媽，某天上班時間臨時回家找文件的時候，正好看見上高中的兒子正在和女朋友做愛，聽說當時整個場面變得一團亂。」

讀到這裡，各位是不是覺得我怎麼都只記錄這些不好的事情呢？畢竟那天的氛圍完全無法說「我的孩子有多棒」之類的話，就算想說也不應該說出口。可能是因為那樣，所以那天沒有聽到什麼幸福快樂的結尾。當然，還是有某部分的孩子會照著父母所期望的樣子成長，但我們心裡都很清楚，即使現在是如此，未來也不一定能一直好下去。「考上大學了，孩子的人生應該能過得輕鬆一點了吧？」「找到工作了，孩子應該能活得稍微從容一些了吧？」這些終究都只是父母親心中的盼望，因此只能用問號作結，無法劃下斷定會如此發展的句號。

我們都還在念書的時候，這些朋友都是非常認真的好學生，富有責任感，也很懂得注意別人的感受。她們每個人都考上了好大學，現在也在各自的領域上發光發熱，所以不難想像她們會花多少心力在養育孩子上。但孩子終究有屬於自己的人生軌跡，父母可以期許孩子過上好生活，能夠盡可能地提供最好的環境給他們，但不能對結果過度執著，也無須感到不安。就像那天的我一樣，我想聚會結束之後，我的朋友們大概也會在心中重新回想那些事，帶著有些失落的心情回家。但一回到家後，又會立刻打開表面有著凹陷的冰箱，拿出食材為孩子準備食物。那位家裡冰箱被兒子打到凹進去的朋友並沒有換新的冰箱，她說她想要讓兒子每次看到的時候都能再次反省自己的行為，等他結婚的時候才要買新的。為人父母，在孩子做出不對的行為時自然要及時訓斥並導正他們的行為，但就算是要教孩子，也是要以愛的方式，不能強迫他們按照自己的期待生活。

希望各位謹記孩子絕對不可能按照「我的」意思和「我的」人生規劃成長。如果育兒之路只有短短五年還有可能，但這條路足足要走二十年啊！二十年是一段非常長的時間，其中有太多變數了。想想自己的人生，過去二十年來，「我自己的」人生也沒能按照原本的計畫發展，孩子的人生又怎麼可能照著妳的規劃發展呢？光是二十年來沒有受到什麼傷害，健健康康地長大這件事本身就是一個奇蹟了。我有時會想，媽媽的一生中能夠遇到的奇蹟大概全都發生在孩子身上了，所以才會再也看不到奇蹟發生。對於孩子，我們唯一可以掌握的就是孩子到了五歲的時候，可以把三歲時穿的衣服拿去送人或賣掉，除此之外，沒有什麼是能夠確定的。

如果孩子能按照我們所希望的長大當然很好，但就算沒有，這也跟對錯無關，只要想著孩子是在過他自己的人生，就不會因為沒有照著自己的計畫走而感到惶惶不安了。我們唯一能夠做的就是保護好孩子們的身心，不讓他們受傷，幫助他們盡情發揮自己的力量，剩下的事情就不在我們能掌控的範圍之內了。為自己無法控制的事情感到不安，不就是在浪費時間嗎？

事實上，不安可以說是一種對未知的擔心，會對未知的事物感到擔心是很理所當然的事，但未知終究還是未知，是我們無法控制的事物。如果只專注於我們知道的、能做的事情，就能夠輕鬆地擺脫不安。任何計畫、想法都無法克服不安，想要克服不安只有一個方法，那就是做一些有意義的行動。在保護孩子安全成長的同時，一邊利用剩下的時間尋找媽媽自己的人生似乎就是個很有意義的行動。

如果必須向因為不安感到疲憊不堪的聽眾進行一場演說，你會說些什麼？如果必須向因為完美主義性格而感到痛苦的聽眾進行一場演說，你又會說些什麼呢？把你想到的話都先講給自己聽，試著做點嘗試吧！這麼一來，你就會發現自己的不安感減少許多，也能稍微掙脫完美主義態度的束縛。

母愛缺乏情結：發現自己沒有母愛，讓我感到很憂心

母愛不足也是來到諮商室的媽媽們常有的煩惱之一。母愛是一種感情，而母愛之中的「愛」字代表這是一種關於愛的感情。但我在為個案諮商時，雖然會聽到「因為不被愛，所以感到很辛苦」的煩惱，但從來沒聽過有人說「我很擔心自己的愛不夠」。之所以人們會擔心自己的母愛不足，是因為人們理所當然地認為母愛與一般的愛是不同的，是一種更容易擁有，成了媽媽後就理應要有的感情。如果經常對孩子生氣，或是在養育孩子的過程中受了挫折，就會將一切歸咎於母愛不足，這樣的媽媽們總是會認為：「如果我擁有很強大的母愛，就能比現在更好地撫養孩子，問題都是出在我的母愛不足。」

模糊的母愛實體

首先，我們假設母愛真實存在，但在分娩後，媽媽們要面對體力下降、不

可避免的產後憂鬱、因為無法達到公平的責任和義務分配引起的憤怒，還有對日後要保護家人的安全，又要為未來的生活做準備的恐懼，各種負面情緒淹沒了媽媽對孩子的愛和情感。也就是說，那些為自己不夠有母愛而苦惱的媽媽其實不是真的缺乏母愛，而是因為其他壓力帶來的負面情緒太強烈了，導致媽媽們無法感覺到，或是表達出自己對孩子的愛。

那麼，現在讓我們思考一下母愛究竟有沒有實體吧！某項大腦科學研究曾觀察過媽媽們分娩後的大腦狀態，結果顯示大腦中負責判斷力和思考能力的領域會變得比過去更小一些，而負責複雜性和靈活性的領域則會變大，會暫時朝有利於照顧新生兒的方向產生變化。與此同時，產後也會分泌許多能夠誘發母性行為的催產素，大腦科學研究確實證明了女性的遺傳訊息內存自然發生的母愛。分娩後會分泌乳汁，睡覺時就算嬰兒發出再小的哭聲，也能立刻醒過來，這些都在在證明了某種程度上，天生的母愛確實存在。

不過，主張母愛是一種社會形成的概念，才是現在的主流趨勢。英國著名的科學拓展研究員漢娜．克里奇洛（Hannah Critchlow）曾在她的著作《命運可預測，更能改變》中表示，應該要時刻對與育兒相關的本質主義主張抱持警惕。她提到，雖然公鼠通常不會負責照顧幼鼠，但母鼠不在，只剩公鼠和幼鼠一起待在老鼠洞裡時，公鼠就會替幼鼠整理身上的毛，或者是築巢等帶有母性（父性）的行動，這證明了雄性動物的腦中其實也具有育兒的能力。克里奇洛也提到，一些作者利用神經科學強調某些對於女性，尤其是母親這個角色的過時主張，提醒讀者們要多多留意，她甚至還用「偽科學」這個詞來形容那些強調母愛的科學研究。

包含羅任允慶、金高連珠在內的七名學者共同執筆的《媽媽也會痛》，將母愛概念的體現和歷史做了非常完整的整理。根據這本書的介紹，母愛這個概念最早是出現在十八世紀的西方社會，當時的男性知識分子不斷地強調「成為母親」的重要性，才會出現母愛這個詞。之後隨著工業化的過程，人口增殖被認為是國家的財富，幼兒的生存也逐漸成為國家富強的重要課題。將時空背景轉到韓國，在朝鮮日治時期前後，有許多人主張應該要讓女性接受教育，這麼一來她們才有能力培養出國家未來的棟樑，日後幫助國家與日本等外國勢力抗衡。當時的人打著「民族改良」、「民族改造」的口號，以非常極端的方式要求女性必須兼備各種能力，而因為這種強烈的「民族主義」氛圍，媽媽們和幼兒的衛生和健康史無前例地受到高度關注。一九六〇到一九七〇年代，所謂「優秀的」媽媽就是孩子能在「模範兒童選拔」中獲得冠軍的媽媽。雖然換到現代，優秀媽媽已經成了孩子能考上好大學的媽媽，但這也代表我們的社會還沒辦法真正擺脫典型的母親形象。在我還小的時候，每個人家裡都會有一兩本《家庭生活百科》，仔細看書中的照片就會發現，女性們全都穿著漂亮的長洋裝、圍著圍裙、戴著頭巾，展現出「賢妻良母」的形象。從小看著這種照片長大的女性，如果沒有多加思考，就可能會在不知不覺中將某些人塑造出來的女性形象內化。

一九九〇年代之後，從聖水大橋崩塌事件到三豐百貨公司倒塌事故，那時代的媽媽們目睹了大大小小的事故發生，逐漸意識到國家對安全性的疏忽和鬆懈。自此，媽媽們產生了「我的孩子只有我能守護」的強烈觀念，這時期對母愛的定義逐漸轉變為用科學和專業知識武裝起來的母愛。這裡可以看到，其實母愛也有很大一部分是「後天的、因為某些狀況引發的」，這一點非常值得我們好好思考。

在比母愛範圍更廣的「性別」概念中，法國哲學家兼小說家西蒙・德・波娃（Simone de Beauvoir）很久之前就說過「女人不是生成的，而是形成的」。同樣的道理，「媽媽」和「母愛」的存在也應該要以這種方式看待，也就是說，母親的愛不應該被認為是一貫的、普遍的，並與其他感情拆分開來。母親的愛跟所有感情都一樣，所以我們應該要接受它會根據情況有所變化，也並不穩定的事實。感情本身就是一個不穩定的存在，母愛也是一樣的，如果總是想著母愛是媽媽們「必須」要擁有的感情，每當對孩子的感情有所動搖時，都會被罪惡感給籠罩。

各不相同的母愛

我是一個母愛很強的人，我之所以會這樣說並不是因為做過什麼正式的「母愛檢查」，只不過是偶然在跟朋友閒聊中，發現自己也符合那樣的標準罷了。我生過小孩的朋友們曾說過下面這些話。

「妳們都知道我有多愛睡覺吧？睡著之後，即使有人來把我背走我都不會知道。但只要我的小孩用跟蚊子一樣小的聲音『嚶嚶』個兩聲，我就算在睡覺也會立刻爬起來。我從來沒想過自己是個母愛這麼強的人。」

「我這個人本來很小氣的，在別人身上，就算只花一毛錢我也心疼得要死，但花在小孩身上的錢我卻一點都不覺得可惜。妳們以為只有這樣嗎？以前那麼愛買衣服的我，現在卻總是穿著寬大的T恤，錢都花在買小孩的衣服和鞋子上了。看著別人幸福，我居然會覺得心情很好，我居然是個這麼有母愛的人，我自己發現的時候都嚇了一跳呢！」

「像我這種只想著自己的人，居然在身體不舒服的時候，還能硬撐著為小孩準備食物。為什麼每次孩子吃東西的時候，我會感到那麼幸福，光看他吃就飽了呢？我好像突然產生了過去沒有的慈愛，這就叫做母愛對吧？」

如果朋友們的標準正確，那麼我也是一個母愛很強的人。雖然每個人表達母愛的方式各不相同，但廣義來說，就是比起自己更在乎別人（孩子）的幸福，且真心地為他的幸福感到開心，心變得比以前更加寬容，我想母愛的標準大概就是這個樣子吧！如果母愛的標準是這樣，妳其實也是個母愛很強的人。所謂母愛並不需要什麼出生入死的測試，不是一定要在馬路上的車衝向孩子時，第一時間護住孩子，代替他受傷才能被稱作是母愛很強的人。

我認為人是有「母愛的感覺」的。以我自己為例，我的母愛是從視覺來的。不僅僅是我的侄子和孩子，我在所有孩子身上都能感受到某種光芒。只要我的半徑十公尺內有孩子，我就會因為感受到那道光芒，自然而然地將視線轉向那個孩子。就算韓國的世界級男子團體的七名成員就在旁邊，只要旁邊有孩子，我的目光大概也會先被孩子吸引。最近就算只是靜靜地看著別人的孩子，也會被認為是種失禮的舉動，伸手去碰孩子就更不用說了。所以每次我都只能站得遠遠地，悄悄盯著孩子看，明明在距離自己很遠的地方，我還是能感受到孩子身上那道能夠將人心整個奪走的強烈光芒。除了視覺之外，還有嗅覺，我一直覺得所有孩子身上都有桃子的香味。沒結婚的朋友對我這樣的說法有些嗤之以鼻，她回了我一句：「那應該是嬰兒爽身粉的味道吧！」但我還是覺得孩子身上有種獨有的香味。

有的人每次看到孩子就會說：「總覺得下腹變得暖暖的，有種很踏實的感覺。」也有一些人說：「每次看到孩子做出一些可愛的行為時，我都會覺得可愛到爆炸，會突然有種很想上廁所的感覺，真的要瘋了。」今天，請試著靜靜地看著孩子，你會發現身體的某個部分開始變得溫暖，可能是心臟，可能是下腹，也有可能跟我一樣是眼睛。不管是某種香氣、觸感，還是不停抽動的鼻子，妳的身體一定會有明顯的感覺。雖然這樣的情況很少見，但對某些人來說，孩子的哭聲聽起來可能會像是聖母百花聖殿的鐘聲。除了身體的感覺之外，也有可能是「眼淚在眼眶裡打轉的喜悅」，或是看到孩子時會忍不住發出「喔～～！」的聲音，那種心裡突然變得澎湃不已的感受。

不管那是什麼，只要你在看著孩子時感受到某種過去沒有過的感覺或情感，那就代表你是具有母愛的。只是因為你被各種壓力造成的憂鬱、不安和恐懼壓得喘不過氣，才無法長久地維持那種感覺或情感，又或者是被外在的壓力強制打斷罷了。也就是說，你並不是缺乏母愛，你的母愛只是被太多的壓力和情緒給蓋住了而已。

「想法」的母愛也很足夠

就算覺得自己的母愛不足，或是完全沒有母愛，在養育孩子上也不會有任何問題。如果沒有感覺上和感情上的母愛，只要有「想法」的母愛就可以了。用比較極端一點的說法來講，就像有人喜歡咖啡，有人喜歡綠茶，有人喜歡啤酒一樣，有些人非常喜歡孩子，有些人則不是。我曾經用半開玩笑的方式跟朋友們說：「我的興趣是閱讀和養小孩。」對我來說，養育孩子是一件非常愉快又有趣的事情。當然，興趣和專長是不同的，所以我沒有辦法說自己很會養小孩。另外，打從心裡想做的事比起專長應該更偏向興趣，而我在育兒時總是抱持著愉快的心情也是事實。說不定也就是因為這樣，我才會動筆寫這本書。但不是每個人都能把育兒當成是一種樂趣，而母愛也和個性、人格或道德無關。每個人的成長背景都不一樣，所以潛意識中對於母愛的認知也會完全不同。

那麼「想法」的母愛到底是什麼呢？是作為大人，用尊重生命的心態，下定決心守護脆弱的孩子的心意。從來沒有生過孩子的修女們之所以能夠用心地照顧孩子，也是因為她們有愛的基礎，一顆尊重生命的心。在各種類型的犯罪之中，人們之所以會特別排斥對兒童犯下罪行的犯人，認為他們是「人神共憤、非人道的」罪犯，其實也是因為人類具有保護弱者的天性。所以只要照著自己的天性，好好保護孩子就可以了。你不一定要像那些看起來充滿母愛的媽媽們一樣親吻孩子，也不需要孩子稍微撒個嬌就感動得熱淚盈眶，光是懷著惻隱之心，好好守護孩子的安全就已經是一份很深厚的愛了。這樣的母愛比起無法控制自身的情感，單方面將心中所有的愛意都傾注到孩子身上的母愛來得更加成熟穩重。下面，我稍微整理一下關於母愛這個議題的重點。

首先，母愛雖然有一部分是天性，但我們必須要清楚地知道這其實是社會

形成的一種概念。其次，就算覺得自己母愛不足，也不要太過在意，要先觀察是不是有什麼其他壓力正在阻止你對孩子產生愛。最後，即使覺得自己是一個沒有母愛的人，也不需要覺得這是個很嚴重的問題，只要用「想法」的母愛，用心養育孩子就可以了。

「媽媽」並沒有一個特定的形象，只要在自己能力所及的範圍內，盡最大的努力就可以了。不要被完美主義給束縛，也不要糾結於表面的母愛形象，只要盡自己的努力讓孩子能度過愉快的一天，當孩子做錯事時，找出孩子不會受傷，媽媽也不會受傷的方法導正，光是做好這些，你就會充滿母性了。在母愛這個詞中，只要擷取「愛」這個詞就好了，試著在愛孩子的同時，也好好愛自己吧！

Chapter
4

心靈藥房的難關：
夫妻間矛盾的處方箋

截至目前為止，我們針對這本書討論了媽媽該如何打造心靈藥房會比較好。在第四章裡，則是要了解如果想好好地運用心靈藥房，我們會需要什麼東西。

其實媽媽心靈藥房有個共同擁有者，也就是媽媽們的另一半。因為另一半是自己用全身和整顆心愛著，就連靈魂也會互相交流的存在，所以對媽媽的影響會比這世上的任何一個人都還要大，尤其是在媽媽的想法和情感上，會具有壓倒性的影響力。就算媽媽有想要好好運用心靈藥房力量的想法，但如果和最親密的另一半關係不好，就會受到很大的打擊。不對，光是打擊還不足以形容其嚴重的程度，應該說是會痛苦到想要乾脆將心靈藥房關上。因此，和共同擁有者保持良好的關係是心靈藥房運作上一個至關重要的環節。

在這個章節，我想從「依附理論」找出解決夫妻問題的突破口。大部分的人應該都對依附理論有一定程度的了解，也許還會覺得應該已經沒有什麼新的東西可以說了。儘管如此，我還是想要討論依附理論，那是因為結婚正是第二次的依附期。「第二次」這個詞本身帶有能夠做新嘗試的意思，所以我認為只要夫妻在「同一個方向」上「一起」觀察依附期，就能夠發現一些新東西，接著能夠以這個新發現為基礎，好好地維持夫妻間的良好關係。就算夫妻間的關係已經出現問題了，也有機會能在觀察依附期的過程中，發現自己還能為這段關係做什麼樣的努力，進而恢復夫妻關係。這裡談的不僅僅是媽媽一個人的努力，而是夫妻二人共同的努力，希望讀者們在閱讀這個章節時，能夠一邊閱讀，一邊仔細地回想自己的夫妻生活。

夫妻的心靈藥房是共有的

雖然說和心靈藥房的共同擁有者維持良好的關係很重要，但用說的當然容易，想要維持良好的夫妻關係其實比想像中還要更累，在過程中也會受到許多壓力。感情好的夫妻並不多見，相反的情況倒是很常見，在這種比例懸殊的情形下，別說關係好了，光是不會爆發激烈爭吵就算是萬幸了。但連吵架都不願意，對彼此十分冷淡的夫妻其實占的比例更高，對這樣的夫妻而言，直接吵起來可能都比較好一些。我想應該有很多夫妻從來沒有在處理矛盾時得到雙方都滿意的結果，這樣的夫妻到最後就會直接放棄恢復彼此的關係。

夫妻間的矛盾之所以會這麼難解決，除了彼此個性上的差異之外，還有一個原因是因為爭吵的重點不僅僅是目前的婚姻生活，還包括彼此的過去。彼此的過去，其實正無意識地支配著兩人的心靈。夫妻兩人在成人時期第一次見到的對方的樣子，其實並不是全部，甚至可以說雙方都是將自己的過去背在身後相遇的。在對方的過去裡，還有至少影響他三十年以上的數十名相關人士。也就是說，如果今天對另一半的行為感到不滿，雖然主因出在是對方「今天」所做出的錯誤言行上，但其實那之中也有從過去累積至今的各種複雜原因。其中一方因為受到「過去的影響」無意中做出某種錯誤的行為，另一方也因為受到「過去的影響」以更嚴厲的眼光審視對方。有許多概念都能用來代指這種埋在深層的情感根源，我在這裡會選擇用「依附理論」來做更進一步的說明。

依附關係會成為我們行為和個性的基礎

正如大家所知道的，依附關係就是對自己珍惜的人強而有力的情感紐帶。根據依附理論，依附關係可以分為三種類型：第一種是從父母親那裡獲得安全感，有著良好互動的安全型依附，第二種是不太想和父母親互動，喜歡獨自玩耍的迴避型依附，最後一種則是雖然會急著找父母親，但接觸過後也無法獲得心靈上安定的不安全型依附。

我之所以會想要用依附理論來探索埋在深層的情感根源，並解決夫妻之間的問題，是因為依附理論的架構相對來說比較淺顯易懂，能夠幫助我們理解對方的行為；除此之外，該理論的模型也十分清晰，這能夠為解決雙方的心理差距提供一些頭緒。當然，依附理論無法說明和解決夫妻關係中的所有問題，但從現在要討論的問題來看，確實能夠起到相當大的作用。

根據心理學的依附理論，人生初期形成的依附類型為內在運作模式（Internal Working Model），這將會影響日後生活中的所有人際關係。內在運作模式這個詞彙多少有點難理解，簡單來說就是小時候和特定對象建立了某種關係，而這樣的關係被「精神化」後，一直到長大成人後也會不斷地被影響。在成年之後，初期的依附關係有很高的可能性會以「成人依附類型」的型態出現，不斷地重複類似的人際關係。

依附理論的研究學者們發現，安全型幼兒會長成安全型成人，當他們成為父母之後，養出來的孩子也會是安全型。他們甚至還發現媽媽的依附類型在經過成年子女之後，到了孫輩也還是會延續這樣的依附類型，這樣的情況被稱之為世代間轉移現象。由此可看出，依附關係是支配我們心理和行動的關鍵，也是個性形成的重要基礎。

當然，並不是所有人都會停留在同樣的依附類型。有些人為了擺脫在不安全型依附下所感受到的痛苦，會拚了命尋找和自己相反的人，也就是能夠和自己形成安全型依附關係的人，過上穩定的婚姻生活。但比起察覺自己的問題並想辦法克服，大部分的人都會在毫無防備的狀態下，被自己人生初期的依附經驗給影響。例如聽到妻子懷孕的消息後，因為沒有露出開心的表情受到妻子嚴厲指責的男人，其實是因為他的父親在他小時候便拋棄了家庭。就算得到夢寐以求的升遷機會，還是無法感到幸福的人，是因為父母親在他小時候從來沒有稱讚過他。

就算是心理治療師也不例外。不對，其實因為曾有過這樣的經歷，而選擇成為心理治療師的人更多，約翰．布雷蕭就是其中一位。布雷蕭曾在自己的著作《回歸內在：與你的內在小孩對話》中坦言，自己曾在某次家族旅行中，在度假的地方對著妻子和孩子們大吼大叫，亂發脾氣，讓家人們感到十分害怕。發完脾氣後，他就這樣把家人丟在那裡，找了間旅館將自己關在房間裡。布雷蕭對自己的行為感到非常懊悔，心中充滿了罪惡感。也是在這時，布雷蕭開始回想自己過去的行為舉止，才發現自己從父親去世的隔年開始，就總是沒來由地大發脾氣。他在書中還提到自己記得十一歲那年的聖誕節，父親因為喝醉了很晚才回家，最後把整個聖誕節都搞砸了。布雷蕭說在那之後，他的憤怒「就像靈魂發霉一般，慢慢地腐爛著」。因為一直很小心翼翼地生活，周圍的人對於他的評價都是一個非常好的人，但就在那天，他還是露出了自己的真實面貌。布雷蕭將那次的經驗命名為無意識的年齡倒退，另外，布雷蕭也了解到如果孩子帶著兒時所受的傷成長，那個傷口在長大成人後也還是會繼續留在心裡，並妨礙已經成人的自己做出成熟的行動，「治癒內在小孩」這個概念的確立便是基於這個脈絡。

如果小時候無法從父母親那得到安全感和溫暖，就有可能會像布雷蕭一樣，直接表達內心的憤怒，或是表現出反抗、不合作和憂鬱傾向。也有一些人是在步入婚姻之後，為了彌補自己的缺乏感，過度理想化另一半，又或者是認為對方付出的一切努力都沒有任何意義。如果小時候曾遭受到父母親的嚴重虐待、拋棄或是忽視，沒有得到應有的照顧，到了成年期可能會表現出非常嚴重的不適應。

但依附關係最惹人厭的就是，幾乎沒有人會認為自己得到了無微不至的照顧，並為此感到感激。無論父母親有多麼用心，孩子還是一定會在某些瞬間覺得父母有些陌生、冷漠，甚至是不愛自己。出現這種感覺時，「脆弱」的孩子們為了活下去，只能將所有錯歸咎於自己。他們會想：「是我做錯事了，所以爸爸媽媽才會心情不好，一切都是因為我。」並壓抑當時的情緒。

但被壓抑下來的負面情緒會一直堆積在心裡，更重要的是，孩子某種程度上也知道其實「這個孩子」並沒有錯，那麼他們心中就自然會感到委屈、憤怒。在這樣的情況下長大的孩子，未來可能就會像布雷蕭一樣，將自己的負面情緒發洩在家中的弱者身上，即使他們並不是有意這麼做的，還是會形成一個惡性循環。也難怪所有人都會說自己有「發展創傷」，因為沒有人能在完美的家庭和完美的父母底下成長，這也代表在與父母親的關係中，我們不可避免地會受到傷害，而這樣的傷害會成為心理創傷。心理創傷這個詞非常重，形容的是一種痛苦到像要死掉一樣的強烈刺激。居然連孩子在長成大人的過程中也會受到這種程度的傷害，活著這件事真的是太辛苦了。

可能正是因為如此，在依附理論的研究中，就算是在平凡的家庭中長大的人，還是有三分之一的兒童和三分之一的成年人屬於不安全型依附，而安全型依附大概是百分之五十左右。如果直接將百分之五十這個數字套用在夫妻關係上，就代表夫妻二人之中只有一個人屬於安全型依附，另一個人很有可能是迴避型或是不安全型。如果有一邊是安全型，在解決夫妻間矛盾時就會變得容易許多，但兩個人都是不安全型，或是不安全型配上迴避型的夫妻也不在少數。如果夫妻兩人都是安全型，就可以說是「含著金湯匙結婚」的夫婦了。

為什麼現在要談夫妻間的依附關係？

每個人都知道成長過程對一個人的影響很大，但為什麼現在還要談依附關係呢？

就像剛剛布雷蕭說的一樣，他為了隱藏自己內心的傷口，小心翼翼地生活，雖然一直以來在其他人的口中風評都很好，但總有一天會爆發。從某種角度來看，我們每個人都為了隱藏或克服自己內心的傷口而戴著面具生活，這副面具並不是完全沒有意義或存在的價值，但問題是它還是無法掩蓋心中所有的傷。面具總有一天會脫落，露出自己原本的樣子，而那個時間點偏偏就在結婚之後。

之所以會在結婚後才露出真實的面貌，我想是因為二十四小時都一直待在一起吧？畢竟結婚不像談戀愛的時候，只要展現美好的那一面幾個小時，就能各自回家。就算結婚前曾經一起去旅行，但再怎麼長也不過就幾天的時間而已，只要隨時保持警戒就不會露出真實的面貌。當然，另一方面是因為談戀愛的時候，我們對彼此的包容力就跟大海一樣寬廣。在結婚後才會露出真實的面貌還有另一個原因，那是因為我們在結婚後會理所當然地認為相愛的人不該有秘密，或者應該要成為對方相處起來最自在的人。在這樣的前提下，雙方都會想要放下所有防備，舒舒服服地生活。此時，原本的面貌就會展露無遺。如果連在自己家裡也沒辦法自在地待著，那還不如不要結婚。而最不想讓人看到的真實面貌，最後居然要讓最愛的人看見，這彷彿就是「命運開的玩笑」。也難怪有些人會說如果真的很愛對方，就不要結婚。

但如果運氣好，可能要結婚很長一段時間後才會發現彼此真正的面貌。就算同住一個屋簷下，因為白天兩個人都忙著工作，只有晚上才會一起度過幾個小時的時間，並不會發生太多衝突。但夫妻兩人都露出真實面貌的那一刻終究還是到來了，而那一刻正是孩子出生的日子。

我們在第二章提到，在分娩的過程中，「媽媽過去的生活」會跟著死去，再也無法回到以前的樣子了。現在我想修改一下這句話：孩子出生後，「父母的生活」會跟著死去，再也無法回到以前的樣子了。但在沒有充分時間哀悼和整理的情況下成為父母，過去從沒想過的壓力會如排山倒海般襲來。雖然原本就很清楚孩子的出生並不會只伴隨著開心的事，但畢竟是初為人父母，也從沒想過育兒是一件會讓人崩潰到想去撞牆的事。看到孩子時會覺得很幸福是無庸置疑的，但為了全家人能在未來一同迎接某個幸福的瞬間，也為了讓那一瞬間之外的生活都回到正軌，需要做的事已經堆積如山。孩子出生之後，除了對孩子的感情之外，壓力可說是變得比過去更加沉重了。

如果壓力不停加重，人們就會無意識地進入年齡倒退的狀態，並重複自己小時候的依附類型。迴避型的人會試圖迴避所有情況，不安全型的人不安狀態會加劇。就算另一半很努力地要解決問題，迴避型也會選擇逃避，不願意對話；不安全型則是因為無法處理自己內心的恐懼，朝著另一半發洩怒火。如果夫妻之中有其中一方是安全型，還會試著努力到最後一刻，但如果另一半是逃避型或不安全型，夫妻間的矛盾通常只會越演越烈，甚至走上離婚一途。

現在各位知道為什麼育兒壓力大的時候，要觀察夫妻的依附類型了嗎？因為一個人的最真實面貌會在結婚之後，尤其是孩子出生之後才出現。也有一些人會在看到孩子的瞬間展現出來，因為一看到孩子，就自然而然地聯想到自己的童年。看到孩子幸福的模樣，就會想著「我小時候幸福嗎？」看到孩子痛苦的模樣，就會想著「我在那個年紀還不是都撐過去了」，有時候甚至會因為將孩子跟兒時的自己重疊在一起，感到非常痛苦。這類型的人會在不知不覺中，像上述的情形一樣，不斷地拿孩子和小時候的自己做比較。因為父親對自己很冷漠，所以成長過程中已經放棄得到爸爸關注的人，如果看到父親疼愛孫子（自己的孩子）的模樣，就會對孩子產生類似嫉妒的複雜情緒。在這樣的情況下，孩子可說是讓人想起深埋在心中的情緒或記憶的導火線。

雖然前面說到我們隱藏了自己的真實面貌，但這並不全是有意隱瞞，有些是我們刻意隱藏起來的，有一些是因為連我們自己都不清楚，所以才沒讓對方看到的，還有一些是對方自己這麼認為的。

舉個例子，有一位醫師非常喜歡自己在相親時遇到的女性，外表正好是自己的理想型之外，還是個高知識分子，家境也很好。不只如此，為人不僅謙遜，也非常體貼。這名醫師覺得這位女性和他在職場上遇到的其他女性都不同，整個人給人的感覺非常溫順，醫師被她的這個特質深深地吸引住，很快就決定跟這名女性結婚。但一步入婚姻，醫師就發現這名女性非常依賴自己，她那溫順、謙遜的樣子其實就是因為習慣了依賴他人。這名女性並沒有隱藏自己的真實面貌，反倒是以「看起來溫順又謙遜」的模樣展現了自己對他人的依賴性，只是對方按照自己的喜好做了錯誤的解讀而已。

我每天在諮商室都會聽到一些因為「錯看」對方，在原本的幻想被打碎時做出的荒唐行為。一名和非常「體貼的」前輩結婚的女性在結束蜜月旅行回到家後，發現丈夫居然亂丟剛脫下來的襪子，當她看見丈夫做出這麼「不體貼的」行為，立刻就對著丈夫發火，指責對方騙了自己。如果丈夫曾經拍胸脯保證說：「我是個很體貼的人，我發誓！」還能說是欺騙，但明明就是這名女性「自己覺得」對方是個體貼的人，那她又怎麼會在發現事實不是這樣的時候，覺得自己被背叛呢？雖然發現對方和自己想像中不同時，後悔到想戳瞎自己的眼睛，但因為當下的思緒實在太過混亂，承認自己看錯人又太傷自尊心，所以只能將錯全推到對方頭上去。

選擇體貼的人作為結婚對象可能有兩個原因，一個是因為自己的爸爸是一個體貼的人，在這樣的家庭長大，自然就會想找一個和爸爸一樣的人。另一個原因則是因為父親是個和體貼扯不上邊的人，所以至少在自己的人生中，想要跟一個體貼的人共度下半輩子。依我自己在諮商室裡看到的，後者的情況占大多數，想當然，這些人對父親已經有不好的情感了。所以當她們試著要靠另一半來填補父親造成的這個空缺，卻被「背叛」，就會把過去對父親的不滿一起發洩出來。對丈夫來說，只不過是亂丟一次襪子而已，妻子卻跟隻母老虎一樣把自己臭罵了一頓，要不生氣也難。

這個問題如果要在這裡一一討論注定會沒完沒了，光是丈夫為什麼在結婚後會亂丟襪子，沒有表現出體貼的一面就有無數種可能；妻子為什麼會因為丈夫亂丟襪子這麼難過，背後也自有她的原因。我想要表達的重點是，夫妻的行為中包含太多各自的過去了。而令人遺憾的是，明明知道對方背後有那麼長一段歷史，我們在遇到問題時卻只顧著發洩自己的情緒，連試著去了解他的一小段過去都不願意。如果是安全型依附的人，或許會試著和另一半對話，了解對方為什麼會有這樣的言行舉止，但大部分的人都會選擇逃避或是大吵一架，錯失了能夠互相理解的機會。

迴避型或是不安全型的夫妻在看不慣對方的行為時，通常會這樣說話：「為什麼把襪子到處亂丟？你到底在想什麼啊？」那麼接下來兩人會有什麼樣的對話呢？

「我都快累死了，又沒什麼。妳那種態度才氣人吧！」

「難道我就不累嗎？照顧孩子一整天，還要做家事都夠辛苦了，你這麼大的人了難不成還需要我照顧嗎？」

「不過是收襪子而已，這也叫照顧嗎？不要只會出一張嘴說愛我，要用行動表示啊！」

「那你自己怎麼不用行動表示呢？你是為了這樣才跟我結婚的嗎？」

「我還要表示什麼？都出去工作一整天了，回來還要收拾襪子嗎？在我自己家，連雙襪子都不能隨便放啊？不用妳收，就這樣丟著吧！」

「就這樣丟在那邊，如果孩子不小心把那麼髒的東西放進嘴裡該怎麼辦？」

「髒什麼髒？妳自己是有多乾淨？」

安全型夫妻則會一邊喝著紅酒，一邊進行著截然不同的對話。

「我看你都把襪子到處亂丟，這讓我很難過。」

「什麼？妳為什麼會因為那個感到難過呢？」

「因為我覺得你不在乎我辛不辛苦，畢竟那襪子最後還是我要去收拾。」

「喔！原來是這樣啊！仔細想想，我從以前就都走到哪脫到哪，因為太習慣了，我自己也沒注意。蜜月旅行的時候因為我都穿涼鞋，所以妳可能不知道。但我真的不是不在乎妳，以後我會注意的，如果以前的習慣又跑出來了，妳要記得告訴我。但妳可不可以告訴我，妳為什麼會對襪子那麼敏感？」

之所以會連這樣的對話方式都不願意嘗試，大多是因為害怕對方覺得自己太過小心眼，居然會因為區區襪子感到不滿，又或者是因為打從心底認為對方是故意要讓自己感到痛苦才會做出這樣的舉動。因為是自己慎重選擇的伴侶，所以會認為對方的一言一行都是真心的。在這樣的前提下，自然而然會認為對方亂丟襪子是真心的，不體貼自己是真心的，甚至騙自己他是個體貼的人也是真心的。但其實人類在做某些行為的時候，腦袋裡是沒有任何想法的，有時甚至還會做出一些愚蠢的舉動。而另一半，即一名普通人類自然也是如此，只不過在氣頭上的人會將這個事實完全拋在腦後。

為了未來對另一半的言行感到不滿時能好好應對（這種情況勢必會發生，所以請一定要做好準備），請牢牢記住以下的注意事項。這部分對於剛結婚的夫妻來說尤其重要，在對另一半還沒有開始累積不滿之前，如果能事先討論在發生矛盾時該怎麼處理，並牢記下列這三種解決方法，就能避免很多不必要的衝突。

1. 人在承受壓力時會在不知不覺中重複小時候的依附行為，這時候不要互相指責，也不要逃避，要努力透過對話解決問題。

2. 當對方做了出乎自己意料之外的行動時，不需要感到驚訝，也不用覺得受到打擊，最重要的是不要因此感到失望。冷靜地討論該行為適當性，將自己的感受表達出來，並尋找能夠改善彼此關係的方法。

3. 與其對著對方說「都是你的錯」，不如說「你的某些舉動」讓「我」覺得很辛苦，請對方幫助自己。

今天就試著好好和自己的另一半聊聊吧！

從依附理論的視角看夫妻關係

能夠了解情侶間差異的方法有很多種，如果想要了解彼此看待事情時的視角存在什麼樣的差異，很多人都會推薦MBTI人格測試，還有諮商專家約翰·格雷（John Gray）的著作《男人來自火星，女人來自金星》。直到現在，MBTI人格測試都非常受大眾歡迎，只是抱持著試看看的心態做測試的人也很多，知名的程度幾乎可說是沒有幾個人是沒測過的。做完測試，發現是「極端的T（思考型）」的「我」和「偏激的F（情感型）」的「你」對每件事情的想法都不同，同時也會做出不一樣的行動後，用比較誇張的方式來形容的話，甚至會受到「情侶衝擊」。《男人來自火星，女人來自金星》於一九九〇年代初出版後，得到了非常大的迴響，全世界的情侶都在討論「火星的男人，金星的女人」。書中點出的男女差異雖然不是全部都符合自身的情況，但再怎麼樣都會有一個是相符的。光是符合其中一項，人們就會覺得：「哇！太不可思議了，那個人居然會有這種想法，也太傻眼了吧……」

「凸顯差異」的視角雖然能在初期幫助我們理解對方，但它同時也有一個缺點，那就是人們最終會因為無法縮小彼此間的差距而變得疲憊不堪，對待對方的態度也會變得越來越冷漠。女性們最後可能會這麼說：「不是啊！為什麼你是從火星來的？這裡是地球！打從一開始就別來這不就好了。」男性們也會說：「如果要這樣的話，妳就回妳的金星去吧！」情侶們在做完這類型的人格測試，或是閱讀這樣的書籍後，可能會有種被迫無條件包容對方的問題，也不能期待另一半能夠理解自己的感覺，即便這些測試和書籍當初被創造的初衷並非如此。

相反地，如果從依附理論的視角觀察夫妻關係，就能在發現差異的同時，了解到雙方其實都是成長期環境的受害者。這樣的共通點能讓彼此在自我憐憫的同時理解他人，心也會變得更加寬廣。幾乎每個人都會有「發展創傷」，這樣的兩個人在步入婚姻，成為彼此最親近的人之後，無法避免地會看到各自過去創傷的傷痕。但只要知道有創傷並沒有錯，這只是成長過程中一種不可避免的傷口的缺陷，心中的想法就會有所改變。

不僅是對方，這份愛裡頭也會有「我」的缺陷，如果想要守護這份愛情，重要的不僅僅是關懷對方，還要抱有「即使如此，我還是會努力試著去愛」的心態。為了要這麼做，我們就不能因為對方身上的問題而疏遠他，就算心中會因為那些言行感到難過，但還是必須要拉近距離，仔細地觀察這些問題。因為只有近距離觀察才有辦法判斷自己是否有辦法包容對方的問題，還是已經超出自己能解決的能力範圍。如果是前者，應該能夠從這本書得到一些幫助；如果是後者，就算必須要接受心理諮商，也一定要試著去解決。

找出夫妻的依附類型

那麼現在，為了能夠更仔細地觀察是什麼樣的依附問題破壞了這段因愛結合的夫妻關係，我們要先找出夫妻兩人的依附類型。雖然接受專業的心理檢查能夠得到更精確的結果，但並不是每個人都能去做這樣的檢查。因此我準備了幾個能夠自行找出依附類型的簡易方法，同時也會針對不同依附類型的夫妻做個簡短的說明。

1. 推測自己的依附類型

這是一個以「直覺推斷」的方式找出自己依附類型的方法。請仔細回想一下自己的樣子比較接近下列何者。

a. 習慣接近、依賴他人，對於他人對自己的依賴也感到很自在。

b. 雖然也喜歡和他人相處，但距離太近會感到有些排斥，又或者是因為太執著於完美的關係，選擇與他人保持距離。經常擔心另一半會不喜歡自己。

c. 對和他人變得太過親近感到不自在，也很難全然地信賴他人。

如果你屬於「a」類型很有可能是安全型依附，屬於「b」類型很有可能是不安全型依附（矛盾型依附），屬於「c」類型，則有很大的可能性是迴避型依附。

2. 仔細回想夫妻二人的心理狀態

英國的心理學家金・巴塞洛繆（Kim Bartholomew）與倫納德・霍洛維茨（Leonard Horowitz）針對「內在運作模式」做了一些修改，並畫成下頁的圖表，讓人們能夠更輕鬆地理解「內在運作模式」是什麼。這個圖表不僅簡單易懂，也能更準確地掌握我們和另一半的關係和相處模式。首先要回想，自己對另一半是抱持積極的態度還是消極的態度，接著也想想我們對自己抱持著什麼樣的態度。雖然對他人和自己的評價並不是絕對的，因為不可能會全都是積極或者全都是消極，所以很難準確地掌握心理狀態，但至少透過這樣的思考，能夠大概描繪出自己和對方的關係圖。

各位也可以把對他人的態度換成「迴避的程度」。換言之，如果不會迴避對方就可以視為是抱持積極的態度，如果經常迴避對方，就視為是抱持消極的態度。其實積極和消極也是非常主觀

巴塞洛繆與霍洛維茨的內在運作模式與對應的依附型態

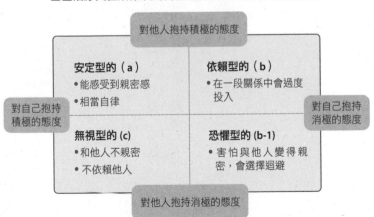

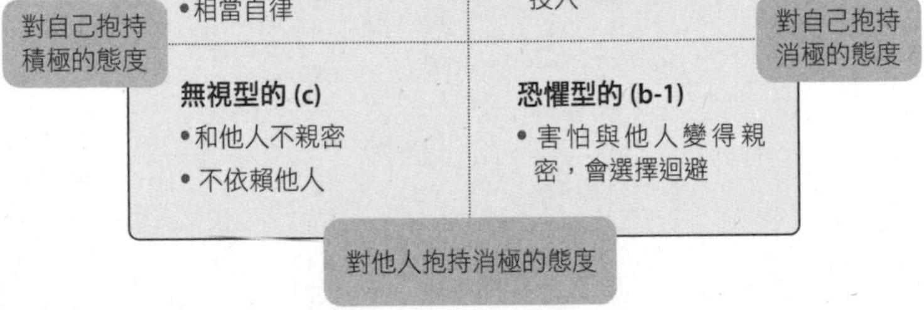

的特性，沒有總是積極的人，也不會有總是消極的人。只要從長期的角度來看，判斷對方和自己是屬於偏積極的那一邊，還是偏消極的那一邊就可以了。

圖表中的「a」、「b」和「c」可以分別看作是「安全型依附」、「不安全型依附」以及「迴避型依附」。

3. 透過檢測來進行判斷

如果接受正式的依附類型檢測，就能得到更客觀的結果。可以使用在市面上販賣的檢測量表，也可以到心理諮商中心接受檢測。我個人最推薦到心理諮商室接受檢測，因為在那裡除了檢測量表之外還會進行面談，是所有檢測中結果最準確的。關於依附理論的書籍中也經常會附上「依附類型自我檢測量表」，這也是一個不錯的選擇。不管做什麼類型的檢測，出來的結果應該都大同小異，所以只要選擇對自己來說最方便的方式就可以了。

我個人過去曾經做過阿米爾．樂維（Amir Levine）和瑞秋．赫勒（Rachel Heller）所設計的檢測量表。正如我的預期，檢測出來的結果是安全型，但我也發現自己的迴避型分數比想像中還要高。以這件事為契機，我仔細地回顧了自己過去的人生，突然發現自己只要處在極大的壓力下，就時常會選擇迴避。

舉例來說，只要覺得某段關係出現了一點裂痕，我就會冒出「算了，糾結於這段關係有什麼意義呢？還不如直接放棄」的想法。我在想是不是因為偶爾會從朋友那聽到「有必要想這麼多嗎？」的話，所以我才會選擇迴避某些問題，讓自己稍微放鬆一些。又或者是因為具有迴避的傾向，才會在那些必須要面對的事情上特別認真，甚至可說是過度投入其中。但做完檢測後，千萬不要有「我是迴避型，完蛋了」或是「我是不安全型，那就無計可施了」等想法，只要把這個檢測當作是在回顧自己和另一半的人生就好，這個過程一定會很有趣的。比起直觀的檢測方式，透過檢測取得客觀的評價能進行更深層的自我探索。

4. 從父母親的樣子來做判斷

雖然這種判斷方式的準確度會比前面提到的三種方法低一些，但回想父母親在我們小時候表現出來的樣子，對於判斷自己的依附類型也是有幫助的。

如果各位的父母親對你的一舉一動很敏銳、能夠讓你感到自在、行為具有一貫性，同時還幫助你在開放的氛圍下自由地探索人生，你就有很大的可能性會成長為安全型的大人。相反地，如果各位的父母親對你的任何舉動都不聞不問，行為沒有一貫性，有時還會用很可怕的方式對待你，你就有可能會長成一個不安全型的大人。最後，如果各位的父母親總是拒絕你的要求，有時還會表現出過度干涉或強烈的控制欲，你就有可能會長成一個迴避型的大人。

不過，使用這個方法的時候，要留意自己對父母親的不滿和憤怒等情緒，因為即便「我」是這麼評價我的父母親的，但他們實際上並不一定真的是如此。就算父母親真的做出了那些行為，也有很大可能是因為他們本身就處在一段不安全的依附關係之中，在這樣的情況下，其實也不能去指責父母親的不是。

因為依附關係對我們的個性和行動有著非常大的影響，所以許多人會把依附稱作是人類的第二個基因。但也有不少人反對這個說法，所以要記得不要過度執著於這個結果，或是對其賦予過大的意義。成長過程很痛苦不代表長大後就一定會受精神疾病所苦，同樣地，小時候過得很幸福並不能保證就可以這樣幸福一輩子。知名的發展心理學家傑羅姆．凱根（Jerome Kagan）曾說過，依附關係對人的影響所占的比例不超過百分之二十。主張積極樂觀的態度可以靠後天養成的正向心理學之父馬丁．賽里格曼（Martin E. P. Seligman）也曾說過，人們高估了兒時經驗所帶來的影響。因此在尋找自己的依附類型時，要記得我們這麼做並不是要把錯推到某個人身上，只是在透過這個方式重新審視小時候所經歷過的心理問題而已。

結婚是第二次的依附期

當你找出自己和另一半的依附類型之後，就可以回想一下兩人平時相處的時候是什麼樣子了。我們就先從比較不好的組合開始看吧！

1. 兩個人都是迴避型

因為雙方都幾乎沒為解決矛盾付出任何努力，兩個人的關係可能會越來越疏遠。雖然很少直接爆發爭吵，但關係也會變得相當冷淡，到最後可能會成為形同陌路的過客。

2. 兩個人都是不安全型

因為家中氛圍不安定，就連吃飯、睡覺這種基本生活都會變得很困難，甚至會透過酗酒、外遇等行為來表露內心的不安，讓夫妻間的關係變得更糟糕。

3. 不安全型與迴避型

不安全型會攻擊或完全依賴另一半，迴避型則總是選擇逃避，這樣子的組合自然無法解決兩人之間的矛盾。

如果你和另一半屬於上述的三種類型，現在的婚姻生活應該會過得非常辛苦。但即使如此，也不能夠認為問題僅僅是出在對方的人格缺陷或是缺乏耐性上。當初會選擇和這個人步入婚姻就代表兩人很合得來，與其說會引發矛盾是因為嚴重的個性差異，有更大的可能性是因為兩個人都不知道該怎麼好好溝通。小時候的依附類型是迴避型或不安全型的人，在面對矛盾時從來沒有用對話解決過，甚至該說是根本沒有學過該怎麼做。談戀愛的時候因為比較不常起爭執，還能矇混過去，但結婚之後因為吵架的頻率變得越來越頻繁，這時候本性就會露出來了。這種組合的夫妻是很難完全靠自己的力量解決矛盾的，這種時候就應該要找專家進行諮商，學習和另一半溝通的方法。

不過以比例來看，比起上述三種類型，大部分的夫妻至少都會有一方是比較偏安全型的，也就是說多數的夫妻都是屬於下面這兩種組合。

4. 安全型與不安全型

雖然不安全型會非常依賴安全型，但因為安全型會一直以一貫的態度包容對方，大部分的情況下都能夠維持穩定的夫妻關係。但如果今天安全型的狀況不好，可能會無法立刻回應不安全型的要求。在這種情況下，不安全型就會表現出相當不安的樣子，而安全型也會對另一半的這種表現感到疲累。因此，這類的組合也需要一定的溝通與調整。

5. 安全型與迴避型

這個組合表面上看起來沒有什麼大問題，但當安全型努力地想要維持「安穩」的關係，迴避型卻總是表現出不想面對的態度時，安全型的那一方可能就會覺得有些孤單。如果安全型能持續不懈地稱讚迴避型的優點，表現各種正面情緒，迴避型也會漸漸地打開心房，但是在這樣的過程中，安全型可能會產生都是自己單方面在為對方犧牲的想法，這點必須要多加留意。

最後一個則是安全型與安全型的組合。雖然不是說這樣的組合就一定不會有爭吵，但他們一定能夠用相當有智慧的方式快速地解決問題。讀到這裡，說不定會有很多人認為安全型就是個沒有任何缺點的人，但事實並非如此。安全型的人可能會讓人覺得有些過分冷靜，或是情緒上比較遲鈍，也會因為什麼事都想要快速並和平地解決，讓人覺得他們不願去理解他人的感受，甚至是不把別人的問題當一回事，表現出自我中心、傲慢或死板的一面。只不過在解決關係矛盾這一塊，安全型的確能夠比其他類型的人處理得更好。

如果光從依附類型的觀點來看，結婚對象似乎一定要找安全型的人才行。偶爾會在網路上看到「我男朋友好像是迴避型」等關於另一半依附類型的煩惱，從這裡我們可以看出其實一般人對依附類型也有一定程度的了解，且會設法避開那些會讓自己感到很吃力的人。但我們在前面也說了，安全型的人大概占百分之五十，要遇到那百分之五十的人就不是那麼容易了，就算遇到了，也有很多人無法被這類人吸引。所謂「一百分的結婚對象，零分的戀愛對象」就是在講這樣的情形，在人們眼裡，那些不安全的「壞男人、壞女人」充滿了魅力，但在遇到「安全型男女」時卻感受不到任何火花或是吸引力。

而很難找到安全型另一半還有一個最大的原因，那就是不管是不安全型還是迴避型，在談戀愛的時候都會很努力地裝成安全型。還有另外一個情況是自己「眼睛瞎了」，把對方「錯看」成安全型，在這樣的情況下，就會覺得沒有必要再去找了，畢竟戀愛時期的我們總是用寬大的心包容著對方的所有。

等步入婚姻後，就成了「潑出去的水」，已經收不回來了才突然意識到眼前這個人根本不是安全型。不過我們還有機會挽回，因為結婚是第二次的依附期。談戀愛的時候我們會暫時退化成孩子，裝可愛的撒嬌行為就是我們五歲時才會有的樣子。這時女性會暫時退化成女嬰，期待男性給予自己爸爸般的保護和疼愛，而男性則會暫時退化成男嬰，期待從女性那得到媽媽的照顧和愛。這樣的心理狀態有益於形成新的依附類型，但這種退化後產生的心理狀態，如果某天突然遭到當頭棒喝，受到的衝擊將會非常大。夫妻間發生爭執時，多數人都無法將其當作是單純的夫妻矛盾，在冷靜下來後好好處理的原因也正是因為如此。明明沒有人想故意傷害對方，卻發現自己從某一天起就變得全身無力，內心也對一切感到厭煩。

即使第一次的依附關係失敗了，第二次也還是有機會成功

好了，挫折感就到此為止，讓我們好好利用這個機會，讓第二次的依附關

係成功吧！即使第一次的依附關係失敗了，第二次的依附關係也還是有機會成功，方法跟第二章中的「把痛苦說出口」是一樣的。在第一次的依附關係中，因為「我」是絕對的弱者，所以應該由別人（父母親）來努力；但在第二次的依附關係中，「我」和「你」是處在同等的立場上，所以應該要一起努力。也就是說，在第二次的依附關係裡，我們不能繼續像個孩子一樣坐在那，什麼都不做，只有積極地和對方溝通並互相幫助，第二次的依附關係才有辦法成功。就算已經將第二章裡所學到的說話方法牢牢記在腦海裡了，如果還是提不起勁和對方溝通，或是覺得氛圍不對，就一點用也沒有了。這種時候就要仔細想想，問題是不是出自於依附類型，把依附類型當成一個對話的突破口，自然就能看見解決問題的方法了。最好的情況是在結婚前或是剛結婚後就先去理解雙方的依附類型，討論未來如果發生爭執時應該要注意些什麼，並事先定下「對話的原則」。如果有先這麼做，日後在面對不可避免的夫妻間矛盾時，就能夠更從容地解決了。

夫妻雙方都理解彼此的依附類型後，之後試著在產生矛盾的時候這麼說看看吧！「你現在是在對我生氣，還是在對你自己的人生生氣呢？」又或者是自己靜下心來思考這個問題，「我現在是在對這個人生氣嗎？還是說只是我過去的傷口又跑出來了呢？」無論如何，最重要的溝通原則還是「絕不逃跑，嘗試對話到最後一刻」。

這邊所說的對話，並不是要你什麼話都拿出來說。就像第二章裡說到的「非暴力溝通」一樣，如果想要好好說話，就要注意對方的心情和感受，表達自己的理解，精準地「表達」自己想說的話並「請求」對方幫助自己。我們再重新看一下前面看到的襪子事件吧！第一個對話與其要說是對話，應該說是在發洩怒火，因為對方把襪子到處亂丟而「發火」，被指責覺得生氣所以「發火」，接著就像是在比賽「誰比較會生氣」一樣，不停地朝著對方發洩怒氣。接著再看看第二個對話，雙方的對話模式是先「說出」自己感到傷心，另一方在「詢問」之後向對方的話「表達」理解，在「說明」緣由後，再次「詢問」對方，並提出「請求」。只要牢牢記下這樣的對話方式，就能解決生活中絕大多數的矛盾了。夫妻最初是因為對彼此的愛而選擇結合的關係，並不是商業上的關係，所以只要打碎覆蓋在表面的冰塊，就能嘗到之中的甜蜜了。

最重要的就是剛剛所說的對話原則「絕不逃跑，嘗試對話到最後一刻」，一定要有這樣的決心才有辦法真正解決問題。這點對迴避型來說特別重要，若回顧過去的人生，一直以來都選擇逃避，這次就下定決心好好面對吧！前面在討論說話的重要性時，曾經提到如果想要好好說話，就必須要有心理安全地帶。對夫妻來說，他們的心理安全地帶就只有彼此。步入婚姻，自己組成家庭後，如果還把父母親當作是自己的安全地帶代表還不夠成熟。與此同時，我們也不可能把另一半之外的人當作是自己的安全地帶。

精神醫學理論「意義治療」的創始者維克多．弗蘭克（Viktor Emil Frankl）在奧斯威辛集中營倖存下來後，曾說過他是靠著每天想像妻子在自己身邊說著愛和鼓勵的話語，自己才有辦法撐過那段殘酷的試煉。對弗蘭克來說，另一半確確實實是他的安全地帶。而我們每個人都有資格擁有那美麗得讓人流淚，又能夠拯救生命的安全地帶。

那麼，為了讓第二次依附關係能夠成功，我們現在來看看各類型需要注意的事項吧！

1. 解決矛盾的方式

不安全型和迴避型因為幾乎沒有用簡單明瞭的方式解決過問題，所以在面對想靠這種方式進行對話的安全型時，反倒會誤會對方沒有誠意，只是想敷衍了事。如果你很確定另一半是安全型，至少在這種時候要試著相信對方，一起試著努力看看，就當作是在向安全型的另一半學習溝通的方法吧！

2. 對話方式

迴避型的人話都比較少，不安全型的人則是因為心中的情緒錯綜複雜，所以會想要有時間做較長的對話。談戀愛的時候還沒關係，但結婚生子後，生活中會有非常多事情要忙，長時間的對話最好是一個月進行一次就好了，平常就盡量簡單地帶過。訓練自己不要總是花過長的時間在對話上，除了能夠減少本身能量的消耗之外，頻率減少之後，對方也才有辦法當你長期的傾聽者。另外，就算對方已經給了充分的關心，不安全型的人也總是會覺得還不夠。我希望不安全型的人在這種時候要記得提醒自己對方已經盡力了，不要總是提高標準，跟自己說「這樣就夠了，今天到這裡就好了」，找一點其他的事情來轉移注意力。

3. 表達愛的方式

迴避型的人很多時候都無法好好地表達自己的愛，這是因為他們從小到大都認為感情放得比較不深的人在某段關係中受傷時，能夠比較快忘記傷痛，對生存也有好處，但其實他們的內心比誰都還要渴望他人的愛和關心。其實不只是迴避型的人，其實對所有人來說，最重要的問題不就是只有兩個嗎？一個是「我是什麼樣的人」，另一個是「我和他人所建立起的關係有多麼幸福」。只要是人，想要的東西都是一樣的。我們每個人都渴望被愛，所以就對自己內心的渴望誠實一些，承認你心中的渴望只是暫時被傷痛壓下去了而已。

當迴避型下定決心要做出改變後，另一半也要耐心地等待。希望各位都能理解，迴避型必須要有一段自己的空間和時間，才有辦法完全做好心理準備。在跟迴避型相處的時候，最好簡短地告訴他結論，快點讓他回到專屬於自己的小空間去。

另外，對迴避型的人來說，跟另一半一起在套房這種狹小的空間生活是很痛苦的。反之，對不安全型的人來說，就算要在小套房裡跟另一半緊密地生活在一起，他也絲毫不會感到不自在。我們要很清楚的是，就連找房子這種與情感無關的問題上，兩人對幸福感和舒適感的認知差異也會成為有形的問題。假如今天迴避型的人能夠在家裡有個專屬的空間，能夠獨自翻翻書或看看電影，千萬不要把這件事視為是理所當然的，要記得向另一半表達感謝。至於在享受獨處的時間之前要先做好自己該做的家事這件事，我想就不需要多說了。

不安全型的人會無時無刻想要確認另一半對自己的愛，也因為總是太過在意他人的反應，經常會連自己的情感都搞不清楚。如果已經得到另一半很多的關心和愛，也要努力地學著獨立才行。當不安全型的另一半問出：「你愛我嗎？」的時候，就算問「一百次」，也請回答「一百次」你愛他。這樣的對話雖然聽起來很幼稚，但不安全型的人總是要親自確認才有辦法放下心來，也才能開心地過他的生活。不安全型的情緒就像是便秘一樣，會全部堵在一塊，如果不幫他解決這個問題，他就會一直覺得不舒服，所以快點幫對方解決才是明智之舉。不安全型只要能夠確認自己存在的價值，就不會像迴避型那樣鬧彆扭、堅持己見，在維繫夫妻關係上，其實算是比迴避型更容易了。

既然說到固執這個話題，我們就來稍微談一下迴避型的人。如果有個迴避型的另一半，甚至會希望他不如就承認自己不願意處理事情，將育兒問題全權交給另一半處理。大部分迴避型的人對家裡的大小事都不怎麼積極，所以一般都會是他們的另一半主導一切事務。但他們有時候會突然要補習補得好好的孩子不要再去補習班了，又或者是在家族聚會上突然推翻已經決定的事情，大發脾氣並堅持己見，這是因為他們平常都一直選擇迴避，所以偶爾會想透過某些事件展現自己的存在感，但這樣的行為往往只會造成夫妻間的爭執。

除了這些之外，其實還有很多需要注意的事項，但如果要整理出幾個大原則，大概就是夫妻必須要共享一切是不合理的信念、不能總是以負面的角度看對方、不能提出偏離對方特性的無理要求、無論是哪一方都不該犧牲自己。對於「偏離對方特性的無理要求」，我想要舉個例子。一名心理學前輩的老公是迴避型的，她曾經說過：「對迴避型的人來說，走進婚禮現場、生完孩子之後，他的任務就都完成了。」如果用「已經結婚了」作為理由，突然要迴避型的人表現得更親密一些，他們就會覺得很痛苦。迴避型的人雖然會習慣性地迴避社交和人際關係，但做事能力還是相當不錯的。在和迴避型的人相處時，稱讚他表現得好的那一面，與他和睦共處才是最明智的共存方法。另外，如果真的要跟迴避型的人結婚，必須要有就算自己一個人生活也能過得很好的自信。

重寫家庭故事

就算小時候的依附關係失敗，或是因此受到傷害，長大後遇見的愛情還是能夠有美好的結局。原因是當年的我們還太過年幼，但現在的我們已經成長成一個成熟的大人了。當時我們沒有辦法客觀地觀察自己所遇到的情況，也無法好好表達自己的感受，但現在這一切都不再是問題了。因此就算有人試圖傷害你，你也能夠與其對抗，不讓自己受傷。

雖然小時候不太會說話，但成為大人之後就有能力把話說好了。這裡所說的話並不只是用嘴巴說出來的話語，而是代表著所有的「語言化」。孩子先是會抬頭，接著再學會坐下、走路之後，最後才學會說話。此外，在人類的成長過程中，掌管情緒的右腦會比掌管語言的左腦發展得更快。舉例來說，如果有一天媽媽生氣了，因為孩子已經能感受到情緒，所以本能地知道現在發生了一些不好的事，但他們無法將媽媽為什麼生氣，或是現在是什麼樣的情況給「語言化」。也正是因為如此，孩子們無法準確地記得所有事，這也是「嬰兒經驗失憶」會發生的原因。當不好的事情沒有被語言化，就永遠會是一個不明確的狀態，這些事情還會成為不好的記憶，一直留在心裡，就這樣折磨我們一輩子。從小時候的這個經驗看來，其實可以說我們所有人都曾經是失語症患者。

孩子長大成人之後，現在說話已經成了一件跟吃飯一樣容易的事了，但我們還是不太會說話。總是只聽自己想要聽的話，隨意打斷別人的話，忘了所有「好話」，無法給予他人安慰，或是試著理解對方的感受。雖然這可能是受到傷心過往經驗的影響，例如小時候從來沒從父母親那聽過一句好話。但就算無法對別人說好話是有原因的，我們還是無法說清楚自己的情況，只是把過去不好的經驗丟在那，看都不看一眼。雖然到了這個年紀，左右腦已經發展得很均衡了，但我們還是停留在右腦比較發達的嬰兒時期，不管遇到任何事情，都只想著要用情緒應對。

如果將出生之後還無法說話的狀況稱作是「失語症」，現在患上的則是無法使用恰當詞語的「語言喪失症」，又或是「語言變形症」。有些人在外面很會說話，但只要一回到家裡就什麼話都不說，這樣的人患上的是「選擇性緘默症」。如果一直這樣下去，人類因為自己與其他動物不同而引以為傲的語言能力，說不定就會漸漸開始退化。如果想在第二次的依附關係中取得成功，就必須要先解決這樣的症狀，讓自己恢復正常，寫下自己的「新故事」。

著有《心理學述說了童年》（Lass die Kindheit hinter dir: Das Leben endlich selbst gestalten）的心理治療師烏蘇拉・努貝爾（Ursula Nuber）曾說過這樣一個故事。故事主角是英國第七十一任首相柴契爾夫人（Margaret Hilda Thatcher）的女兒卡洛兒・柴契爾（Carol Jane Thatcher）。卡洛兒曾經出演過某齣電視節目，她在某個聖誕節告訴媽媽自己有飲酒和金錢上的問題，但媽媽只是這麼對她說：「我不知道要怎麼度過這個聖誕節。未來六個月，對我們國家的政治來說會是段很困難的時期，但我們一定能好好克服這個問題的。」還有一次卡洛兒因為正值考試前夕，感到十分焦慮，媽媽卻對她說目前黨內表決的情況可說是迫在眉睫，並跟卡洛兒說：「妳不能和我一樣焦慮。」綜合卡洛兒・柴契爾現在的模樣和她過去所說的話，我們大概可以知道她未能在家庭中形成安全型依附。這個例子也告訴我們，就算是能夠在歷史上濃墨重彩地記上一筆的偉大政治人物，也不一定能將孩子養育成安全型的人。

我想無論是誰都會認為卡洛兒・柴契爾的依附關係之所以會失敗，她的母親柴契爾夫人應該要負最大的責任。但作為一名成人，卡洛兒・柴契爾還是有機會讓第二次的依附關係成功的。不要因為過去的傷痛，就活得如同一名殘兵敗將似的，只要試著為自己創造新的故事，就能夠過上自己想要的生活，因為這次的狀況已經跟兒時完全不同了。就像努貝爾所說的，我們必須自己決定是要讓陌生作者寫我們的人生故事，還是要自己動筆。一定要記得，我們是有選擇權的。同時，我認為卡洛兒・柴契爾也已經重新開始她的人生了。既然她已經在全國人民都能看到的節目上將過去的經驗語言化，現在她需要做的就只有提筆寫下自己想要的人生故事了。

重寫「新故事」的方法

那麼，「新故事」應該要怎麼寫呢？簡單來說，就是給予並接受自己小時候沒能從父母親那裡得到的東西，只要像這樣生活就可以了。就像我前面說的，我們現在已經充分地擁有這樣的能力了。

如果過去和父母沒有緊密的情感連結，就找個能夠與自己建立這樣關係的對象，一心一意對待這個人就好了。而身體、心靈和靈魂都在一起的另一半，自然就成了這個位置的第一順位。畢竟當初也是因為想全心全意，好好愛這個人一輩子，才會愛得那麼熱烈，並攜手步入婚姻不是嗎？能夠形成安全依附關係的父母親主要有三個特徵，這三個特徵包括敏銳度、反應力和一貫性。舉例來說，當孩子哭泣的時候，正常的父母親應該會非常「敏銳」地查看孩子的狀態，並立刻做出「反應」，而這些父母親所做出的應對方式都具有「一貫性」，不會隨著自己心情狀態的起起伏伏，以忽冷忽熱的方式對待孩子。只要像這樣，向另一半展現「正常的」父母親應有的反應，第二次的依附關係就能夠成功。

其實你會發現這件事並沒有想像中那麼難，因為我們每個人都已經在談戀愛的時候展現過這樣的面貌了。談戀愛的時候，我們對伴侶的一舉一動都十分「敏銳」，不但會立即做出「反應」，還會「一貫地」表現出包容和充滿愛意的那一面。唯一的差異不過是當時是在不知不覺中展現出這樣的面貌，而現在則要有意識地去做這件事而已。但人們只要聽到必須「有意識地去做」，就會認為這麼做就不是真正的愛情，下意識地感到抗拒，同時也會覺得必須要「付出努力」這件事有些麻煩。但愛情原本就是需要努力的，我想沒有人會否認這一點吧？

不要試圖揣測對方行為的意義，只要根據事實說話和行動就好了，這麼做會讓你覺得不那麼辛苦。聽到不愛聽的話時，不要不分青紅皂白地發火，先深呼吸，給自己一點時間冷靜。要記得，當兩人的心產生分歧的時候，必須要花一段很長的時間，才能夠找出讓雙方都滿意的解決方式。比起執著在「滿足感」上，應該要把時間花在減少「不適感」才是。如果需要道歉，就一定要道歉。只要像希望自己幸福一樣在乎對方的幸福，兩人之間的衝突就會大幅減少。現在就問問你的另一半「今天一天過得怎麼樣」吧！詢問彼此的感受是關心對方的開始。

可惜的是，就算沒辦法全心全意地將心思放在經營夫妻關係上，我們也不能夠放棄依附關係。人一旦缺少了這種緊密的情感連結，就會在不知不覺中失去活著的欲望。小時候的我們只能和名為「父母」的人建立這樣的關係，但成年之後就不是這樣了。成人期的依附對象並不一定要是人，就算是人，也不一定只能是家人。因為小時候沒有能夠自己做的事，所以只能對有「權力」的父母進行「單一依附」，因為父母親是能夠幫助那時候的孩子生存的人。

儘管如此，還是有一些孩子因為無法從父母親身上得到滿足，總是要抱著「安撫毛毯」或是「安撫玩偶」才行。有些父母親會對於孩子對某個物品特別依賴的行為感到擔憂，甚至來到諮商室尋求幫助。但其實成為大人之後，反倒需要找一個除了人以外的依附對象，就跟上面提到的安撫毛毯或玩偶是一樣的概念。這麼一來，當我們和他人之間的關係產生矛盾時，就能藉由這個物品讓自己的心恢復能量。這個依附對象可以是書籍、音樂等文化藝術活動，又或者是寵物、植物和食物等事物，選擇非常的多。

如果仔細觀察那些非常疼愛寵物，或是精心照顧植物的人，就會發現他們的臉上有著孩子般滿足又開朗的表情。宗教（神祇）也是非常好的依附對象，因為我們什麼都不用為祂做，只要負責接受那無窮無盡的愛就好了。除了這個原因之外，更重要的是因為神的地位十分崇高，和這樣的存在產生連結，能夠讓人感受到自己與這個世界之間相連的紐帶，換言之，也就是能夠感受到親密的情感連結。如果真要說有什麼缺點，大概就是祂並非肉眼可見的存在，這會讓人很難感受到「人性」的情感。工作（職業）也是一個強大的依附對象，而且工作因為和金錢有直接的關聯性，能感受到的強度也自然會更強，但千萬要記得不能過度沉迷其中，這樣一來會對婚姻生活造成不好的影響。這一點不只是工作，在面對其他依附對象時也同樣需要多加留意。如果跟某個人生活在一起，甚至還成為父母，要記得你的第一順位永遠都應該要是人。

但即使找到了依附對象，如果心中還是放不下過去的傷痛，依附過程同樣無法順利進行。因此，我們必須要拿出過去的傷，花時間好好處理傷口，而自我審視即是了解並治療依附創傷的一個必經過程。所謂審視，就是讓自己跟過去的經驗保持一定的距離，仔細觀察並客觀地解釋該事件。就算是負面的記憶，只要用不同的觀點看待，以正面的角度重新解釋，心中的死結自然就會解開。舉例來說，每次想起媽媽拒絕自己的事情時，不要只沉浸在痛苦的情緒之中，而是要為這個狀況賦予新的解釋，比如說「當時只是因為媽媽也覺得很辛苦才會這樣，並不是討厭我，我依然是一個被愛著的人」。

前面已經有稍微介紹了一下語言化，現在我要來談談語言化的治療效果。我們在經歷心理創傷之後，負責掌管負面情緒的杏仁核會活化，而負責思考的前額葉皮質和負責語言的左腦會受到壓迫。我們在受到巨大衝擊時之所以會表現出張口結舌的樣子，也是源自於這樣的神經性問題。如果處在如此狀態的時間太長，我們就會開始無法控制自己的想法，會被突然襲來的各種情緒給壓倒，在裡頭苦苦掙扎。如果到了這種狀態，就代表我們的心已經生病了。心理學家們發現，如果想要解決這個困境，就必須要把心中的情緒和感受用語言表達出來，接著再就這個創傷經驗，重新寫一個你能夠接受的嶄新故事，而想要維持精神健康，就必須要經歷這個過程。不管是過去的負面經歷，還是現在眼前的矛盾，只要透過緩解情緒和語言化，找回原本沒有偏差的視角，受傷的心就會開始慢慢恢復，心理治療就是在做這樣的一件事，而這樣的治療之所以會有效果也是因為上述的原因。

沒有一個人是完全無法重新解釋過去的事件的。雖然我們會認為自己小時候的記憶（例如：媽媽拒絕了我）都是正確的，但事實是怎麼樣，其實根本沒人知道。請各位試著回想一下燈打在舞台劇主角身上時的樣子，當所有人都把注意力放在主角身上的時候，其他角色其實也都還在黑暗之中。既然是「我的記憶」，重點就一定會放在「我」這個主角身上，這也是記憶會變得有些片面的原因。其實跟在黑暗之中所發生的事，也就是在整個劇場裡頭所發生的事放在一起看時，會發現其實事實跟我們的記憶之間有很大的落差。如果願意擺脫片面的記憶，讓自己跳脫出來看事件的整體，就算是一樣的記憶，感受也會有所改變。像這樣淡化過去的負面情緒之後，你會發現一件非常神奇的事，那就是生活不再像以前那麼辛苦了，這是因為我們已經恢復了自己原本的面貌。

過去的負面經歷會像泥土一樣留在記憶中，並結成塊，而隨著時間的推移，泥塊會變得像混凝土一樣堅固。所以，必須要盡快將心中的泥塊打碎，接著再重新塑形。我們這次會加入許多過去不知道的其他成分。原本整塊都黑漆漆的泥塊，現在還混入了灰色、黃色和紅色。寫出人生的新故事後，傷口開始癒合，而我們就這樣過著比過去更加輕鬆、成熟的生活。

就如同舞台劇中的高潮總會出現在第二幕一樣，就算我們人生的第一幕並不是那麼令人滿意，只要第二幕好好演出，人生這齣舞台劇就能有一個非常精采的結尾。我們一起嘗試看看吧！為了生活，我們只能這麼做，而我相信各位都一定能夠做到。

希望「未來的我」能過不一樣的人生

仔細觀察依附理論，就會莫名地對人類這個存在感到悲傷。在不可能沒有缺陷的兩個人（父母）所創造的環境之中，我們必然會受到影響，但無論我們再怎麼努力，都會有種無法擺脫這種影響的感覺，就像「你現在的樣子是由你的過去所創造的」這句話所說那樣。只要想到小時候父母親沒有為自己擋下某些傷害，讓自己無數次地感到自卑、悲傷、委屈，心裡的傷口就會突然又開始隱隱作痛。

但因為結婚是第二次的依附期，所以我在前面也提到了，只要寫下新的故事，第二次的依附期就能夠成功，現在我們再好好想想這句話背後所代表的意義吧！雖然我們現在因為那段「痛苦的」過去過得很辛苦，但如果能夠把未來的過去，也就是今天過好，「未來的我」就能夠比現在過得更幸福了不是嗎？小時候我們的生活都是由父母主導，但我們是有能力為未來的過去，也就是現在寫下新的故事的。雖然我們是個有缺陷的存在，但只要認知到自己的缺陷為何，做事的時候多加留意一些，就一定能創造比過去更成熟，也更加幸福的人生故事。

我有一段時期的壓力非常大，育兒帶來的辛苦、職場帶來的疲憊感、家人之間的問題、健康狀況亮起紅燈，就連自信心也掉到了谷底。但儘管如此，當時的我還是會堅持做兩件事，一件事是對著孩子笑，另一件事則是在開著花的路上散步，至少走個三十分鐘。也不用走太遠，在鄰近的社區公園就可以做這件事，附近巷弄的牆縫中也時常能看到一朵朵的花，所以這對我來說並不是什麼很難做到的事。我很喜歡在盛開的花朵之間看著翩翩飛舞的蝴蝶，享受這小小的快樂。有時候我會帶著孩子一起走，孩子稍微大一些後，我有時候也會自己去散步。我之所以會這麼做，大概是因為想要看著「我的世界」裡難得出現的美麗，淨化自己狼狽的心吧！我總是一邊看一邊感嘆著花兒的美麗，同時也對自己能夠像這樣看著這美麗的事物感到十分感激。雖然有時會因為自己不同於那些美麗的花朵，看起來太過憔悴感到傷心，但我還是會一邊走，一邊默默在心裡想著，我總有一天一定能像這些花朵一樣綻放美麗，像蝴蝶一樣展翅飛翔，笑著度過每一天。幾年後的某一天，我一樣一邊賞花一邊散步，這時候突然出現了三隻白蝴蝶和一隻黃蝴蝶，蝴蝶們前前後後地追趕著彼此，快速地揮動著翅膀，彷彿像是在為我指路一樣。那瞬間，一股無法用言語形容的喜悅湧上心頭，我埋藏在心中的自信也在此時重新綻放了。突然之間，我的腦海中浮現了一個想法：過去的我播下了信念的種子，而那個過去的未來，也就是此時，真的開出了花朵。雖然過程中經常會覺得自己看不見未來，但我從來沒有為此感到氣餒，也沒有放棄，就這樣一步一步地走出了成果。我也了解到，其實從那一刻開始的「未來的我」就在慢慢地變得幸福了。未來是由「我」來改變，也是由我自己創造的。希望透過這個故事，各位能夠更理解把今天過好具有什麼樣的意義。

這裡所說的「未來的我」其實除了「我本身」之外，還有另一個人，那就是宛如我分身的「孩子」。父母對孩子的童年有相當大的影響力，所以他們必須要負起責任幫助孩子成為依附類型中的安全型。大部分的韓國父母親都不希望孩子承受自己經歷過的艱苦過程，所以會希望孩子能爬上比自己更高的地位，過上更富裕的生活。而這些父母們習慣性地把重點全放在念書上，但真正需要父母們多費點心的，其實應該是孩子情緒上的安定，也就是安全型依附。建立安全型依附才是「與其給他魚吃，不如教他釣魚」的最佳示範。能夠自己克服傷痛，還能靠努力讓未來的自己變得更幸福，光想就讓人覺得很興奮了。

當然，並不是每個人都能夠做到這點。舉例來說，有些父母親明明下定決心絕對不會強迫孩子念書，但卻在某個瞬間突然變得對孩子的成績很敏感。不過這也沒關係，只要能夠意識到自己正在做什麼，有意識地減少這樣的行為，這樣的情況就一定能夠改善。不要一直想著一開始就要做到完美，如果偶爾有點小失誤也千萬不要對自己感到太過失望。「啊！我又在不知不覺中這麼做了，下次要小心一點」，只要能像這樣察覺到自己的行為，並反省就足夠了。但如果出現動粗等具有攻擊性的暴力行為，就必須要立刻停下來，必要的時候也需要接受心理諮商。

比起想讓孩子爬得更高，不停要求孩子做某些事，另外一種情況的問題更大。有些父母在孩子身上看到自己過去的樣子時，就會一副天要塌下來了的樣子，表現得非常激動。但其實孩子除了帶著父母的基因出生之外，也因為從出生開始就一直看著爸爸媽媽，自然就會表現出和父母親非常相似的樣子，孩子越是愛父母，表現出來的樣子就會更像。

即使如此，還是有部分的媽媽們在孩子身上看見自己小時候的樣子時，整個人會變得非常焦躁不安。例如在幼兒園的教學觀摩日，看到孩子吞吞吐吐，話都說不好時，就會非常在意別人的看法，還會突然開始擔心起孩子這個樣子，未來出社會的時候該怎麼辦。同時也會感到有些無力，心裡想著：「我在家裡明明給了他很大的空間，讓他自由成長，學著表達自己的意見，怎麼現在變成這樣了？」明明孩子才六歲而已，卻從他六歲時的模樣，擔心到未來二十年，甚至三十年後的模樣，腦海裡被各種擔憂與恐懼塞得滿滿的。這類型的媽媽可能還會重蹈自己父母的覆轍，將心中的擔憂全投射到孩子身上。正所謂一朝被蛇咬，十年怕草繩，這類型的人甚至還會回想起自己在職場上遇到的各種困難，開始擔心孩子會步上自己的後塵，整個人戰戰兢兢的。

但是越是這樣的時候，越要退一步看，就算孩子表現出自己小時候就不喜歡的模樣，也不代表他就會遇到一樣的情況，因為現在的「我」能夠安慰孩子，還能教他該怎麼應對，光是這點就有非常大的差異了。我們要時刻記得，不要讓孩子以同樣的方式面對那些「我」曾遇到的困難。因為「我」早就經歷過一次了，所以才更能夠體會孩子的心情，千萬不要放著這麼好的優勢不用。

最重要的是，因為孩子的氣質是與生俱來的，所以很難在短時間內改變。我一直覺得很奇怪，在韓國社會裡，無論是在幼兒園還是在學校，都會認為活潑又積極的孩子才是比較優秀的孩子。但其實退縮也是一種「自發性」行為，這是一種在意識到「這樣的情況讓我感到不自在」後所做出的應對方式。如果強迫孩子忽略那種不自在的感覺，強迫他做出比較積極的行動時，很可能會產生其他的副作用。不過，說出自己的意見其實對孩子也是一件好事，這種時候我們只要一步一步帶著孩子練習，慢慢改善就可以了，事情絕對沒有你想的那麼嚴重。我認為父母比孩子領先半步是最好的距離，千萬不要走得太前面，只要走在孩子面前，先替他確認前方是否有危險，在孩子腳步踉蹌的時候扶他一把就可以了，剩下的就交給孩子自己去克服吧！

如果孩子表現出比較沒那麼理想的樣子，最重要的應該是以此為契機，和孩子好好對話。就拿前面的例子來說好了，如果在教學觀摩時，孩子沒能好好在眾多同學和家長面前好好表現，他自己可能也會感到丟臉或是難過。說不定在回家的車上，孩子就會自己提起這件事，又或者是媽媽偷偷地誘導孩子跟自己討論這件事。在討論這件事情時，要先知道孩子對這件事的看法，同時也要觀察孩子是否在這個事件中受到了傷害，小腦袋瓜裡是否充滿了「我真糟糕，我做什麼都不行」等負面想法。接著告訴孩子「這沒什麼啊！不管是誰，在那種情況下一定都會變得很慌張。雖然你說的不是很快，但你到最後一刻都沒有放棄啊！我很為你驕傲呢！你都不知道自己有多可愛，我好愛你喔！」接著如果孩子又說：「我也想要能在大家面前好好說話」的話，再積極地提供幫助，像是和孩子一起討論為什麼會說不好話，要怎麼說話才能聽起來很有自信，一項一項好好教他們該怎麼做就可以了。

前面我們提到，小時候那些沒有語言化的傷會像泥土一樣留在記憶當中，那麼，孩子現在一定也正處在那個狀態吧？這時候請已經體驗過的父母暫時成為孩子的嘴巴和大腦，讓他們能夠抒發自己的想法，暫時喘口氣。當然，這只是暫時的。如果孩子能夠自己把想說的話說出來，父母就要留意不要再插話或是提出其他想法了。只有在孩子看上去已經偏離正軌的時候，再及時介入，暫時幫助孩子做出正確的判斷。

當然，父母有些時候需要更積極地成為孩子的「大腦」和「嘴巴」，也就是當孩子因為某些事，心靈受到非常嚴重的創傷時。孩子會把朋友們和周圍的大人們隨口說說的話當成是真心話。孩子會把「笨蛋、傻瓜、膽小鬼、沒用、老土、醜陋、不受歡迎、自私」，或者是「這麼沒有禮貌，以後能幹嘛？未來真是一片黑暗啊！」這些話都當真，並開始認為自己是個沒有用的存在。

如果孩子聽到這樣的話，並為此覺得很痛苦，請先讓他知道你了解他的感受，接著再客觀地分析聽到那些話時的情況。有可能是朋友想要逞威風，也有可能是因為孩子先向對方炫耀了某些事。有可能是因為連續好幾次沒有寫作業，惹老師生氣，也有可能是對待長輩的態度太沒有禮貌，讓對方生氣。要讓孩子清楚事情的因果關係，並提醒孩子日後應該要注意些什麼。如果需要跟朋友或長輩道歉，就要讓孩子去好好道歉。相反地，孩子說不定也需要接受他口中的朋友可能不是真朋友，父母則說不定要向學校的老師請求協助，或是代替孩子向長輩們求得諒解。無論是用什麼樣的方式處理，父母都要在適當的時機介入。

孩子在進入小學之後，就會變得非常容易犯錯，也會和同齡的朋友們產生誤會與矛盾。學校生活跟幼兒園時期是完全不同的，學校裡會有許多規定，對孩子們來說可能會覺得有些過於嚴格而無法適應，有些孩子在低年級的時候也很容易會大小便在褲子上。還在幼兒園的時候，就算孩子有許多不成熟的舉動，老師們也都會幫忙處理；但上了小學之後，學校裡的氛圍是希望孩子們能學習自己處理自己的問題，很多孩子會因此覺得痛苦。在這樣的情形下，孩子們很容易在這個時期產生「我在學校不受歡迎、朋友們都孤立我、老師只討厭我一個人」等記憶。這種時候，請家長們引導孩子說出自己心中的苦惱，幫助他們創造新的回憶，例如「雖然曾經好像是那樣，但現在我過得很好」。如果能幫助孩子留下愉快的回憶就更理想了，孩子們意外地還喜歡聽小時候可愛的故事，請多為他們說說吧！

不要在孩子身上尋找自己的「影子」

如果孩子做出一些各位認為不恰當的舉動，我希望各位父母親能避免感情用事，先冷靜下來仔細思考，「為什麼會出現這樣的舉動呢？過去的我因為是有某些原因，但現在的狀況不同啦……是我讓孩子做出這樣的舉動嗎？還是他們受到了什麼人的影響呢？」只要像這樣仔細思考，就一定能夠找到背後的原因。找到原因之後，可以試著改變養育孩子的方式，又或者是針對影響孩子的某個人，或是某些環境因素做適當的調整。出乎意料地，也有一些人只要在孩子身上看到另一半或者自己討厭的特質，就會下意識地對孩子產生排斥感。這有可能是因為自己心中的完美主義、自卑感或是重視面子的心態在作祟，所以這種時候我們就必須要好好地審視自己內心真實的想法。

當你發現自己無法找出背後真正的原因時，請捫心自問孩子應該要以何種方式長大才是對的。在正常的情況下，孩子應該要能夠無憂無慮的笑著成長才是，最適合用在孩子身上的形容詞應該是可愛、開朗、自由、獨創性、才華洋溢。如果你現在對孩子的某種樣子不滿意，想要求孩子改正，請仔細想想孩子根據你的話做修改之後會是什麼模樣。假如孩子做了改正後的樣子和上述這些形容詞背道而馳，就要重新再就這樣的情況做思考，因為這很有可能單純是「我個人的問題」。

俗話說富不過三代，我覺得這句話似乎不僅僅適用於金錢。在諮商室裡，我經常看到下述的這些情況：那些小時候因為自己的父母親太忙碌，沒有花時間在自己的課業上，導致最後沒能考上好大學的人，在為人父母之後，就會想盡辦法要把孩子送進一流的大學，藉此來彌補自己心中的遺憾。但是當父母只在乎學業的時候，孩子在情感上就無法得到滿足。相反的情況，那些小時候在情感上沒有得到滿足，因此感到難受的人，在自己生了孩子之後就會盡力不讓孩子感到孤單，把自己當成是孩子的朋友，維持良好的親子關係。但當孩子成了國中生之後，還是無法自動自發地念書，負起自己身為一個學生的責任，這類型的父母親就會感到非常茫然，不知道該怎麼教育孩子才是。想要連續三代都能兼顧現實生活中的成就及心中的安定，實在是太困難了。媽媽們為了想克服並填補自己過去的空缺，不停地引導孩子朝著自己所想的方向前進，孩子們很有可能會產生另一種缺乏感。如果各位能夠時時刻刻想著這樣的因果關係，未來當你想要求孩子做些什麼的時候，就會變得比較慎重一些了。

不要繼續在孩子身上尋找自己的「影子」了，但就算在孩子身上看見自己過去的影子，也不用太過擔心，因為影子並不是實體。你所要做的，就是幫助孩子不要在影子變得越來越深的時候被吞噬，其他時候只要看著孩子展開自己的人生，在身邊為他加油，盡最大的努力溫柔地對待孩子就可以了。從現在開始，就多抱抱孩子，多告訴孩子你有多愛他吧！

孩子的某些傷是只有媽媽才能夠治癒的。更準確地說，在某些方面上，孩子只有得到媽媽的認可和愛，才能夠感到滿足。這個概念就跟就算飯店再怎麼乾淨華麗也不是自己的家，所以無法長期待在那個空間一樣。就算在諮商室或學校裡聽到了溫暖的話語，也接收到他人的稱讚，但只要父母親給予的認同、稱讚和愛不夠，孩子的心還是會感到空虛。

我在前面說到結婚是第二次的依附期，就算第一次的依附關係失敗了，只要能從此時此刻在我身邊的人身上得到沒能從父母親那得到的東西，寫下新的人生故事，就能夠在第二次的依附關係上取得成功。為了做到這點，我也請各位尋找自己的依附對象，並將心思放在這個人身上。而（在各位眼前的）「這個孩子」其實就是最適合的對象。進入倦怠期的夫妻經常會說「我是因為孩子才能活下去」，孩子其實就是父母人生的動力與目的。我們會一直愛著孩子，直到他說討厭我們那天為止。不，更準確來說應該是就算孩子說討厭爸爸媽媽，我們還是會繼續愛下去，孩子就是一個如此強大的依附對象。因此，即便是為了我們自己的幸福著想，也要好好養育孩子才行。今天，就先送一些幸福去給「未來的我」吧！

Chapter 5

打造穩固心靈藥房
所需要的四大支柱

這本書看起來主要是想幫助媽媽們調整自己的心態，但長遠來看，這本書的終極目標不只是想撫慰媽媽們的心，而是想幫助媽媽們建立一間能夠世代相傳的心靈藥房。一間堅固又健康的心靈藥房是能夠傳承給子女的，這樣的心靈藥房會成為孩子們打造幸福生活的堅實地基。如果各位媽媽們能夠好好運用自己內心的心靈藥房，孩子們就能夠避開，或是少經歷一些過去妳曾經歷過的艱難情況，幸福地成長。就算未來無法繼續陪在孩子身邊了，孩子也能夠從媽媽傳承下來的心靈藥房得到力量，在遇到挫折時，也能以聰明的方式克服難關。

就算妳的心曾經因為父母親和祖父母受了傷，只要現在開始好好經營自己的心靈藥房，就能夠結束過去帶來的負面影響，開始新的「心一代」。打造能夠傳承給孩子們的心靈藥房，聽起來是不是很吸引人呢？

在第五章，我們要介紹打造能夠傳給下一代，且無比堅固的心靈藥房時需要哪四大支柱。如果說第一章到第四章是在幫助媽媽們克服某些特定的育兒難關，例如消除產後憂鬱、育兒的不安或夫妻間衝突等具體的「症狀」，減輕媽媽們的心理負擔，第五章就是要來鞏固心的基礎體力。樑柱穩固的房子，就算過了再久也會一樣牢固，還會隨著時間增添它的魅力。我們在打造心靈藥房的時候也是如此，希望各位能夠好好地打造心靈藥房的四大支柱，打造出一個牢固，會隨著時間越變越好的心靈藥房。

第一個支柱：體力

我們在第一章提到身體的疲憊感時，就已經提過體力的重要性了。體力是育兒的必備條件，因為我們必須要抱孩子、背孩子、追著孩子跑，還要替孩子準備零食三餐。孩子的年紀越小，比起精神上的疲累，媽媽會需要花許多體力去照顧孩子，因此媽媽自己必須要先吃飽、睡好，並保持良好的體力。

最理想的狀況下，媽媽們可以帶著孩子做一些像是跳繩等能夠直接提高體力的運動，運動除了能夠提升體力之外，還能夠減少皮質醇，也就是壓力荷爾蒙，同時還能夠分泌對憂鬱症病情有益的血清素和多巴胺，讓人維持愉快的心情。這點非常重要，因為正如我們在第一章所討論到的，媽媽們罹患產後憂鬱症的比例是相當高的。但對於環境的變化能夠有效緩解憂鬱症的症狀這件事，大部分的人是連想都不敢想的。孩子無法一夕之間就長大，堆積如山的家務也不可能一下全丟下，要去接受心理諮商就更困難了，因此媽媽們比任何人都更應該要學會如何管理自己的心靈。如果從生理學的角度重新解釋這句話，就是媽媽們應該要學會能夠自己分泌血清素的方法。人們之所以會罹患憂鬱症，有很大一部分的原因就是因為血清素分泌不足，而抗憂鬱劑正是一種能夠提高血清素，使其發揮正常作用的藥物。

聽到能夠自己分泌原本必須靠藥物來提升的血清素，可能會讓很多人感到驚訝，但就如同我們剛剛所說的，其實只要運動就能夠分泌血清素了。想想我們生病的時候吧！是不是總會時刻注意吃藥的時間，乖乖地按時服藥呢？藥劑師們說他們每天都會聽到患者們問類似「已經過了飯後三十分鐘了，現在還可以吃藥嗎？」或是「因為沒有食欲完全吃不下飯，該怎麼吃藥才好呢？」等問題。從現在開始，請牢牢記住運動能夠分泌血清素這件事，就跟平常吃藥時一樣，按時運動吧！

除了運動這個方法之外，喝牛奶、吃香蕉和起司等血清素食物（更準確地說是富含色胺酸的食物）、聽聽音樂、看看電影、做些會讓人感到愉快的活動、正面思考、時常笑，又或者是在心中感謝某些人，全都能夠幫助我們分泌血清素。雖然這些不是藥物，所以無法像藥物一樣立刻產生強力的效果，但像這種每過一會就能得到百分之五或百分之十的藥效，沒有副作用、長效，又能讓人感到快樂的療程不是很棒嗎？

運動除了能夠有效預防憂鬱症之外，其實還有另一個好處，那就是能夠提高腦力。生完孩子之後，有些媽媽們會覺得自己大腦的功能下降了，這一方面是因為需要留意的事情太多了，導致注意力被分散，上了年紀當然也是其中一個無法避免的因素。維持大腦的敏捷是所有人的願望，而運動正好能幫助人們實現這樣的願望。幾乎每天都會有關於運動能夠提高大腦功能，還能製造新腦細胞的研究。這之中有個特別有趣的研究，這個研究在世界聞名的記憶研究學者艾力克．肯德爾（Eric R. Kandel）的《心靈錯誤》（The Disordered Mind）一書中有詳細的介紹。美國哥倫比亞大學的遺傳學研究學者傑拉德．卡爾森蒂（Gerard Karsenty）偶然發現，骨頭會分泌一種名為骨鈣化素（osteocalcin）的荷爾蒙，接著又發現這種荷爾蒙不僅對身體的許多器官都有良好的影響，甚至還能夠活化大腦，提高記憶力與學習能力。肯德爾與卡爾森蒂共同做了一個研究，他們對注射了該物質的老鼠進行觀察，發現注射了該物質的老鼠記憶力提高了，肯德爾更表示增加骨骼的質量能有效緩解記憶力的減退。如果說過去我們都是把運動跟讓心臟或肌肉變結實聯想在一塊，那麼現在則把運動和骨骼及海馬迴的健康聯想在一起。這麼一來，就算在很不想運動的日子，也會心甘情願地穿上運動鞋。運動是人類的諸多活動之一，但運動並不是能做的話也很好的活動，而是為了能夠好好地過生活，以有品味的方式慢慢老去的必要活動。

其實也不用非得是運動，只要能跟孩子一起活動就有效果了，所以各位也不需要感到太有負擔，最該留意的反倒是維持規律的生活。有了孩子之後，大部分的媽媽們不管願不願意都會過著非常規律的生活，但把孩子送到托嬰中心或是幼兒園之後，有些媽媽們的生活節奏會突然被打亂。當生活的節奏被打亂時，下午或是晚上就會覺得比平常更加疲勞。因此，我希望各位能夠把家當成是一間「只有我的孩子才能去的托嬰中心」，就算要寫計畫表，也要想辦法讓生活變得規律。只要有規律地活動，血清素等好的體內物質就會正常分泌，不會有不足的情況發生。

對於那些很難有自己時間去運動的媽媽們來說，最推薦的就是和孩子一起親近大自然了。說到大自然，聽起來好像必須要去什麼很了不起的地方，但其實家裡附近的公園就已經非常足夠了。在公園裡曬曬太陽、散散步、聞著花香、和孩子一起玩球，對那些幾乎沒有機會去健身房的媽媽們來說，可以用這樣的方式增加活動力。在這樣的過程中，除了能夠運動之外，體內的維生素D

和血清素等人體所需的物質也會自然產生。除了看著孩子愉快地玩耍本身就能讓心情變好之外，陽光也具有讓人心情變好的功能。最好直接定下每天出門的時間，只要沒有下雨，就出去走走吧！

如果是職場媽媽，至少週末一定要出門。雖然在家整天都在忙著準備孩子的三餐和零食，身體會覺得很疲憊，但孩子比起食物，畢竟更喜歡玩，只要一出門，他們就會將所有注意力轉移到玩樂上。這時候，媽媽也能夠暫時從為孩子準備食物的勞動中解脫。只要看著大自然裡的綠色植物，呼吸新鮮空氣，疲勞感就會立刻消失。這樣的活動對孩子來說當然也有好處，孩子在外面跑跑跳跳的同時，肌肉會跟著變發達，除了增強平衡感之外，大腦也會發展得更好。在那些經常在大自然裡玩耍的孩子之中，我很少看到三不五時就生病，經常發脾氣或哭鬧的情況發生。偶爾也可以帶著孩子去遠一點的地方，一起在海邊用沙子蓋出城堡、一起在泥灘裡玩耍，或者是晚上一起躺在帳篷裡看星星。光是這麼做，就能恢復生命力了。

說到體力管理，很多人會認為目標就是要訓練出結實的肌肉和身體，但我認為媽媽們的體力管理並不是如此，比起訓練出結實的肌肉，應該說是讓自己的體力不那麼容易耗損，且能在短時間內快速恢復疲勞才是。針對這樣的其實有不少方法是能夠在育兒的同時做到的，像是和孩子一起泡個熱水澡，就是其中一個能夠快速緩解疲勞感的方法，而在泡澡的同時，除了能和孩子變得更親近之外，心也會跟著變得溫暖。泡完澡後，用毯子將兩個人裹得嚴嚴實實的，在床上滾來滾去玩耍也非常有趣。各位會發現幸福其實近在咫尺，完全不需要到遠處尋找。如果這時候能夠聽些輕快的音樂，那就更是錦上添花了。用比較誇張的說法，這其實就是一種「身體的綜合治療」。當孩子黏在自己身旁時，千萬不要覺得厭煩，而是要覺得自己透過陪伴孩子，得到了暫時逃離這個刻薄的世界，為自己充電的機會。

各位可以試著想像一下，如果一個成年人身邊沒有孩子，就這樣自己坐著玩黏土，用剪刀剪色紙玩，周圍的人大概會覺得很奇怪吧？但只要身邊坐著一個小孩，做這些事就一點都不奇怪了，我們等於是在陪孩子的過程中，免費接受了遊戲治療。從早上睜開眼到晚上閉上眼睛的那一刻，我們都要當一個大人，做一些大人們應該做的行為，但透過陪伴孩子，我們就能暫時放下這些壓在肩頭的責任，健康地年齡倒退，而孩子則是這個過程中最完美的助手。也有一些爸爸會直接拿孩子當藉口，明目張膽地享受這種年齡倒退，像是假借說要買玩具給孩子，便買了價格高昂的電動車，結果買回家後卻總是自己玩，孩子則成了那個跟在爸爸後頭吵著要玩的人。

如果一天下來真的太多事情要忙，上面所說的活動一個都做不到也沒關係。晚上孩子睡著之後，可以一邊看電視一邊騎室內腳踏車或是做伸展運動，更簡單的方法則是深呼吸和冥想，只要好好深呼吸就能夠緩解一天的疲勞。雖然有很多困難的呼吸方法，但也有像是吸氣三秒、吐氣四秒這種極其簡單的方法，這對身體的放鬆能產生非常大的效果。呼吸其實就是個吸入氧氣、吐出二氧化碳的過程，假如這個過程不順利，我們的體內就會形成很容易誘發各種疾病的環境，所以呼吸對生物來說是一個非常重要的活動。過去在某一場大概有十名參與者的集體諮商之中，我們利用呼吸進行了放鬆訓練，過程中大概有三到四個人輪流排氣。幸運的是幾乎沒有什麼味道，也沒有人因為聽見排氣的聲音而摀住鼻子。但我記得在結束之後，所有人幾乎都異口同聲地表示不能夠小看呼吸的力量。其中一位參與者因為覺得當時感受到呼吸力量太神奇，回家後幾乎每天都會這麼做，只要早上一睜開眼就會做吸氣三秒，接著吐氣三秒的呼吸，因為只要這樣呼吸個五次左右就會放屁，所以有一段時間都跟丈夫她告訴我接下來的幾天也一直都會排氣，待情況漸漸好轉之後，她便回到主臥室裡睡覺了。這名參與者還很開心地說：「感覺好像累積了好幾年的屁都放出來了。」同時也提到她現在再也不會為便秘所苦。雖然並不是每個人都能有這樣的效果，但如果不嘗試，也不知道會有什麼樣的結果不是嗎？就從今天開始，嘗試一下這簡單，又能排出停滯在體內的呼吸方式吧！

如果深呼吸的效果還不錯，接著請試試看冥想。如果說呼吸是只專注在呼吸本身的活動，那麼冥想就是在呼吸的同時審視自己的心，並將雜念清空的過程。當這兩種方法合併在一起時，我們稱之為「照顧心靈的呼吸法」。「照顧心靈的呼吸法」指的是慢慢呼吸，接著從旁人的視角來審視自己的想法，去發覺自己的情緒，例如：「我現在生氣了啊！」或是「我現在很不安啊！」

隨著大腦科學的相關研究越來越多，過去從未想過的事實也一一展現在世人眼前，這點在冥想的領域也不例外。神經科學家拉胡爾．詹迪亞爾（Rahul Jandial）在他的著作《當我第一次打開大腦時》（Neurofitness）中介紹了其中一項關於呼吸的研究。只要能夠調慢速度，好好做照顧心靈的呼吸，大腦的信號就會同步，促進神經元的活動。而呼吸能夠有效地調節血壓和心率，對管理高血壓有著卓越效果也是個眾所周知的事實。

一名後輩告訴我她的丈夫是一名ＩＴ企業的高階主管，每次丈夫進行健康檢查的時候都會被判定為高血壓。因為一直沒有處理，到最後決定吃藥控制。這名後輩說道：「自從丈夫成為高階主管之後，對生活的擔憂是消失了，但現在卻開始擔心起他的健康來。」看見她如此憂心忡忡的樣子，加上我很清楚高血壓藥物會帶來什麼樣的副作用，於是就建議她先讓丈夫試著好好呼吸跟做冥想，如果真的沒有效果再吃藥。但她的丈夫非常忠於自己的職業特性，說自己不喜歡那種不科學的方法。我沒有再多說，只是要他們搜尋一下在Google公司內部開設的「三十秒內額滿，有數百名候補的」七週冥想課程，每天都會聽到同事們說自己的人生因此而改變的陳一鳴（Chade-Meng Tan）這號人物。幾個月後，我聽那名後輩說她的丈夫上了冥想課，而且正打算要把這個課程引進公司內部，而他的血壓已經降到不用吃藥控制的程度了。陳一鳴說在美國，冥想會被認為是個很酷的活動。但在位於東方的韓國似乎並不這麼想。各位媽媽們何不試著親身驗證冥想的效果呢？

之前受產後憂鬱所苦的時候，就算不能運動，如果能夠照目前為止所說的方法多活動、盡量多曬太陽、聽輕快的音樂、呼吸並進行冥想，我敢說大概只需要一週至兩週就能夠恢復。有些人會認為運動對產後的身體調理不好，但就算只是躺著也分很多種。如果就算是白天也總是把窗簾拉上，整個人蜷縮在被窩裡哭泣，要怎麼消除心中的憂鬱感呢？就算想哭，也要在客廳裡看著太陽哭才是。

我想要以一個過來人的經驗告訴媽媽們，如果心中感到憂鬱，請先動起來。能夠做運動是最好的，但如果條件真的不允許，就出去散步一下，就算只有幾分鐘也沒關係。就算只想要躺著，也要躺在陽光充足的窗邊，大自然的治癒能量是非常驚人的。研究顯示，如果將剛動完大手術的患者分配到透過大窗戶能看見外面樹木的病房裡，恢復速度會比那些病房裡沒有窗戶的患者們還要快上許多，請不要讓自己錯失了大自然的無償恩惠。晚上孩子睡著之後，哪怕只有五分鐘也好，也要試著做照顧心靈的呼吸，就算只是單純的呼吸也沒關係，隔天醒來的時候你一定能夠感受到變化。生下第一個孩子後，因為無法做這麼單純的事，或者應該要說是因為不知道它有這麼大的效果而不做，才只能束手無策地承受著產後憂鬱所帶來的痛苦。

為了實現某個目標，我們要做的事有些複雜，有些簡單。例如為了好好養育孩子，就必須形成安全型依附關係、教孩子什麼才是正確的行為、對孩子說一些美好的話、刺激智力的發展，這些都屬於相對複雜的事情。但經常和孩子一起笑就是一件非常單純又簡單的事，只要把這件事情做好，就能夠享受幸福的育兒時光。同樣地，為了維持健康的身體，要時常陪孩子一起活動，每天曬三十分鐘以上的太陽，這些都是複雜的事情，但只要睡覺之前能好好呼吸，就能夠維持基本的體力了。

其實想要維持並增進心靈藥房的第一個支柱——體力，其實比想像中還要更容易，最重要的其實是要有維持自身體力的決心。千萬不要忘了體力和精神、腦力都是有關聯性的。請挑出一個立刻就能做的方法，從今天就開始行動吧！

第二個支柱：智力

心靈藥房的第二個支柱是智力。如果按照字面去解釋，智力代表的就是智商能力，難道這個意思是要我們累積多一點的知識嗎？事實並不是這樣。這裡所說的智力和我們平常說的知識和學歷沒有任何關係，而是心靈藥房的藥劑師必須知道的事情。那麼，心靈藥房的藥劑師應該要知道些什麼呢？他們應該要知道發生問題的時候，雖然和他人協商、學習妥協，想辦法解決問題十分重要，但在問題中，一定也會只有「我」才能解決的事情。能夠了解這一點並採取行動是有其必要性的，而清楚其必要性就是這裡所說的「智力」。

讓心感到混亂的因素，也就是壓力，每天都會發生。對此，智力高的人會這麼認為：

- **雖然沒有辦法消除壓力本身，但如何解釋這樣的壓力其實取決於我們**

自己。

●所謂解釋壓力，就是盡力在壓力事件中找出正向、積極的那一面。

壓力很難消除，也不可能完全不受影響，那麼我們能做的就只有將壓力帶來的影響最小化了。無論在多麼深的水邊，只要現在腳所及之處的深度只到腳踝，我們隨時都能站起身來，安全地返家。同樣地，只要你不被壓力給淹沒，就一定能夠再次站起來，挽回因為壓力而支離破碎的生活。

之所以要盡力在壓力中尋找正向的那一面，是因為壓力本身是負面的。我們要努力用正向思考去沖淡負面的想法，只要想法被稀釋，情緒也會被淡化。人們會說思考＝情緒，就是因為這兩者是如影隨形的。也就是說，只要想到開心的事情，心情就會變得愉快，如果想到害怕的事情，心情就會變得沉重。那麼同理可證，只要能夠淡化恐懼的想法，心情就會變得輕鬆許多。

在壓力中尋找正向的一面不代表問題就會立刻解決，也正是因為如此，有些人會說他們被正向的態度給欺騙了，背後的原因顯而易見，那就是他們把正向的態度當成是能夠解決世界上所有問題的魔法。正向的態度並不是那種魔法，而是一種能夠讓你重新試著找出解決方式的魔法。解決問題的答案本來就應該要自己尋找，但如果壓力太大、尋找解決方法的欲望就會降低，整個人也會變得有氣無力的。這時候只要試著正向思考，原本沉重、壓抑在心中的情緒就會慢慢蒸發，讓你重新振作起來。不管相不相信，我希望各位都能夠先嘗試看看，一旦養成正面思考的習慣，生活就會變得比沒有這種習慣的時候更加輕鬆。而當生活變得輕鬆，就比較容易找到人生的轉捩點。

其實與其要說是「尋找」正向的一面，更正確的說法應該是「提取」正向的那一面才對。之所以會選擇用「提取」這個說法，是為了強調這件事其實沒有想像中那麼容易，即便如此，也要逼著自己從中提取一點什麼才行。也就是說，正向思考並不是能順其自然完成的事。尤其是當孩子生病時，媽媽們便很難正向思考。因為當孩子不舒服或是受到傷害時，大部分的父母都會被罪惡感、不安等負面的情緒籠罩，無論什麼事都提不起勁去做。

我在醫院工作的時候和一位護理長的關係很好，我想為大家講講她的故事。護理長是一位總是面帶笑容，個性非常爽朗的人。護理長在兒子讀五年級那一年，在週末時到別的縣市參加了兩天一夜的研討會。在護理長結束研討會要回來那天，負責照顧孩子的人因為突然有急事，比原訂的時間提早了三十分鐘左右離開。但就在這時候，在社區遊樂場裡玩耍的孩子不小心摔斷了手臂。當年不像現在，不是每個孩子都能隨身帶著手機，所以發生骨折意外當下，護理長的兒子沒辦法聯絡家人，只能扶著自己受傷的手臂。幸好，周圍的居民在發現孩子受傷後就立刻叫了救護車。護理長接到消息，面色蒼白地趕到醫院急診室時，孩子的傷基本上已經都處理好了，正在等著辦理住院手續。在來醫院的路上，這個孩子對救護車的救護人員說：「我媽媽是護理師，請送我去媽媽工作的高麗大學醫院。」因為醫院距離家裡只有十分鐘的車程，又是大學醫院，所以救護人員立刻就將孩子送到了高麗大學醫院去。到了急診室之後，他又說：「我媽媽是這裡的護理長，現在正要從別的縣市回來。」這時，一名和護理長關係很好的急診室護理師認出了護理長的兒子，不僅一直陪伴在他身邊，也立刻聯絡了護理長。其實就算不是護理長的兒子，看見一個小學五年級的孩子獨自來到急診室，我想每個人都會細心照料的。

週一，和媽媽共事的醫院職員們到病房探病，看孩子手臂打了石膏躺在病床上，每個人都流下了眼淚。沒有什麼事比孩子在媽媽不在家的時候受了傷還要令人感到心碎的了。畢竟是個「血淚交織」的意外事件，大家也不免有種同病相憐的感覺。但就算在這個時候，孩子的媽媽依然面帶微笑，用十分輕鬆的語調說道：「我可能就是為了這一天才繼續當護理師的吧？之前好幾次都想要離開醫院了，還好最後沒這麼做。幸好不是什麼太嚴重的骨折，孩子也恢復得很快。」結果護理長還反過來安慰了我們。孩子痊癒之後，我有一次在餐廳遇到了護理長。我問了問孩子的狀況後，又接著問：「妳有教他媽媽不在的時候，如果發生意外要怎麼處理嗎？」結果護理長說她從來沒有教過兒子，不過之前因為突然起疹子去過一次急診室，她猜應該是那時候學到的。其實她自己對於孩子能夠這麼冷靜地處理也嚇了一大跳，因為孩子平時有些散漫，總是讓她很擔心，但現在完全不擔心了，也為此感到很開心。護理長還告訴我，聽說孩子被送到醫院的時候，比起手臂的疼痛，更擔心「會因為媽媽不在的時候偷跑去玩而受傷被罵」，整個人顯得提心吊膽的，這讓她覺得好氣又好笑。我原本很好奇這麼可愛、天真的孩子怎麼有辦法在發生意外的時候，用這麼勇敢、冷靜又充滿智慧的方式應對，但這瞬間我突然懂了，應該是因為他朝夕相處的媽媽總是表現出如此開朗又正面的樣子吧！

就像不可能有人一生都不遭遇任何意外，或是從來不會失敗一樣，我們人其實非常容易感到挫折。發生不好的事情時，就算只是靜靜地待著也會受挫。相反地，想要重新找回幸福的人，就算遇到挫折也總是會試著從事件中「提取」正向的那一面。

我想比起聽我說一百句話，讓各位親自確認「提取正向的一面」的效果會比較有效。下面我假設了幾個媽媽們經常會覺得很痛苦的情況，大家可以就自己的情況下去練習看看。

1. 請閱讀下面表格中「讓『我』感到痛苦的想法」。

2. 請試著為這個想法打個心情分數

提取正向的一面

讓「我」感到痛苦的想法	心情分數	提取正向的一面	心情分數
接到孩子手臂受傷，送到急診室的消息。			
因為只有我沒有升遷，心裡很難過。			

吧！以滿分十分為基準，一分代表最糟糕的心情（心情非常不好），十分則代表最佳的心情（心情非常好）。

3. 請試著「提取正向的一面」。
4. 請重新為這個想法打個心情分數吧！

大家都寫好了嗎？心情分數也都有打了嗎？

在下一張表裡，我會寫一些「提取正向的一面」的例子。雖然下面提到的例子並不一定能符合每個人的情況，但還是請各位試著想像一下，如果用這種方式思考，心情又會是如何呢？請一邊看下面的例子，一邊記錄下自己感受到的心情分數。

提取正向的一面

讓「我」感到痛苦的想法	心情分數	提取正向的一面	心情分數
接到孩子手臂受傷，送到急診室的消息。		• 雖然很擔心，但幸好情況不是太嚴重。 • 沒有發燒，也睡得很好，很快就能恢復健康的。 • 能在這麼多人的幫助之下及時到醫院接受治療，真的非常幸運。 • 孩子長大的過程本來就難免會受傷。 • 不是只有我的孩子會受傷，孩子會受傷也不是因為父母做錯了什麼。 • 發生了這次的意外之後，孩子之後就會知道應該要小心一點了。 • 能夠在一旁照顧孩子，和孩子一起度過更多的時間，還能給他更多的關愛，我就感到很感激了。	
因為只有我沒有升遷，心裡很難過。		• 上次就升遷了，原本在職場就是起起伏伏的。我的能力跟經歷不會因為沒升遷就變得沒有任何意義。 • 雖然不知道他們決定升遷的標準是什麼，但我很熱愛我的工作，未來也會繼續為自己的工作感到自豪，繼續努力下去。 • 可以試著問問人事部的人，看這樣的結果是不是出於合理的標準。 • 如果真的無法接受，可能要開始為換工作做準備。說不定這份工作原本就不適合我。 • 感謝能有這個機會好好審視一下自己目前的工作狀況。 • 週末和家人去一趟小旅行吧！其實只要家人都能夠健康，我就很感激了。 • 只要身體健康，就一定還會有機會的。	

如何？心情分數是不是變得比一開始高了呢？這樣就夠了。雖然心裡還是多少會感到害怕或擔憂，但至少已經能夠冷靜下來，好好做接下來該做的事情了。只要能好好照顧孩子，讓孩子早日恢復健康就可以了。只要能開始為下一次的升遷制訂計畫，又或者是為換工作做準備就好了。

如果第一張表格的心情分數比第二張表格的還要高，也就是說你的「改變想法」能夠讓心情變得更好，就代表你的智力已經非常高了！希望你能一直維持下去。

其實「提取正向的一面」，只不過是智力高的媽媽們其中一種處理壓力的方式而已。那麼，現在讓我們來看看這些媽媽們平時感到有壓力的時候，又是用什麼樣的方式思考和應對的吧！

第一點，在提取正向的一面之前，就要時刻保持警惕，不要被負面的想法給影響。例如不要和態度總是很負面，喜歡誹謗他人的人親近。但與此同時，還是會接受他人合理的批評。

第二點，察覺那些會妨礙內心和平、讓自信心下降或觸發自卑感的想法，不讓這些想法侵入自己的腦海中。如果仔細觀察媽媽們經常會有的「不合理的想法」，就會發現大部分都是像「我必須要當一個好媽媽」、「會對孩子生氣的媽媽是很糟糕的媽媽」、「孩子會生病都是我的錯」、「總是要做出正確的舉動，不容許有一點失誤」、「不能和相愛的人吵架」等將育兒和夫妻生活理想化，將標準設定在完美而產生的苦惱。

但是，智力高的媽媽們會對這樣的想法產生「是嗎？」、「真的是這樣嗎？」等念頭，接著「反駁」這樣的想法。例如「這樣的狀況是有可能的嗎？就算真的有那個可能好了，這對我的人生有幫助嗎？」接著說「哎！根本沒有任何意義」，毫不留情地將這些想法趕出自己的腦海。如果都這麼做了，還是無法消除那些想法，就用「保持距離」這個方法，這和我們前面所提到「照顧心靈的呼吸法」非常類似。舉例來說，如果你覺得「我沒有能力」，就要拉開一些距離，把這句話換成是「原來我認為自己沒有能力啊！」畢竟沒有能力跟認為自己沒有能力是不同的，各位能夠了解其中的差異嗎？等拉開距離之後，再去找自己擅長的事情，抱持著愉快的心情投入其中，繼續讓自己成長。

第三點，在需要解決問題的情況下不要感情用事，應該要集中精神找出解決方案。人在受到壓力的情況下，一般大概會有四種因應策略，包括抱怨並發火的「情緒焦點因應策略」、祈求事情能夠順利解決的「追求期望因應策略」、希望獲得他人幫助與支持的「追求社會支持因應策略」，以及專注在解決問題上的「問題焦點因應策略」。每一種因應策略都有自己的價值，尤其是「情緒焦點因應策略」，這個策略在減少情緒的痛苦，與透過社會的支持調節自身情緒上是個必經的過程。只不過，如果把重點全都放在解決情緒問題上，可能會讓自己距離「解決問題」越來越遠，這點需要多加留意。而問題焦點因應策略則是能夠以最快且最有效的方式解決問題。

伊芙．羅德斯基（Eve Rodsky）從哈佛大學法學院畢業後，便在紐約從事律師一職，事業可說是平步青雲。但在生完孩子之後，羅德斯基發現丈夫將育兒和家事的責任全都丟給了自己，甚至還會跟她抱怨為什麼冰箱裡沒有藍莓。羅德斯基對這樣的狀況感到非常憤怒，氣得在車裡大哭了一場。但羅德斯基還是擺脫了「情緒焦點因應策略」，她製作了一百張上面寫著家事的卡片，告訴丈夫之後必須要負責自己所抽到的家事，這個計畫非常成功。羅德斯基在她的著作《公平遊戲》（Fair Play）中這麼寫道：「丈夫每抽走一張卡片，我一週就多了八個小時。」她也在書中詳細地描述了這個過程。這本書也被《富比士》選為「二〇二〇年度書籍」，在美國得到了巨大的迴響。這本書同時也很好地展現了「美國媽媽」特有的「問題焦點因應策略」。

「法國媽媽」則和美國媽媽不太一樣。有一段時間，法國式育兒法在媽媽們之間十分受歡迎，現在依然也受到許多人的關注。說到法國式教養，最具代表性的書籍應該就是《為什麼法國媽媽可以優雅喝咖啡，孩子不哭鬧？》了，書裡面也提到法國式教養是一種「媽媽不會被迫為了孩子無條件犧牲的育兒方式」。這樣的理念與全心全意為孩子付出，甚至有些過於執著，讓媽媽們不得不放棄自己人生的韓國式育兒法完全不同。似乎也是因為法國式育兒法看起來是如此灑脫，韓國媽媽們才會這麼喜歡。在書的後半部，我們可以稍微看出法國媽媽們對於夫妻間矛盾的應對方式。如果硬要追根究柢，問出個什麼來的話，法國媽媽們會以有些無可奈何的方式說出自己對丈夫的不滿，但大部分的法國媽媽在談到丈夫犯下的錯誤時，說話的方式比較像是在笑那些丈夫「可愛的」笨拙。也就是說，法國媽媽們把男人當成了沒有育兒天賦的「另一個種族」，她們會說：「男人們只是生來就沒那樣的能力而已。」法國媽媽們形容這件事情的態度，就跟媽媽們嘴上抱怨自己的小孩，但其實心裡還是很愛孩子的樣子如出一轍。這本書的作者潘蜜拉·杜克曼（Pamela Druckerman）認為法國女性育兒的方式「不同於美國強硬的女權主義，能夠讓整體情況變得更加圓融」。但美國和法國之間終究存在著文化差異，所以我並不是要談論哪個方式比較好，哪個方式比較不好，只是想讓各位多觀察一下法國媽媽的「問題焦點因應策略」而已。

希望各位媽媽們能夠多多關注不同國家、不同人在面對問題時的解決方式，試著效仿，並找出適合妳的問題焦點因應策略。當然，這不是一件容易的事，畢竟想要解決夫妻之間的問題，一個巴掌是拍不響的。前面提到的《公平遊戲》之所以能夠在美國得到劇烈的迴響，主要也是因為「另一個巴掌」丈夫，願意配合「一個巴掌」妻子。曾任哈佛大學心理學教授的喬登・B・彼得森（Jordan B. Peterson）在他的著作《秩序之上》（Beyond Order）提到，如果想要長期維持自己和另一半之間的浪漫，就必須針對家事做討論與協商。舉例來說，應該要明確地定下是誰該整理床鋪。當一名舉世聞名，而且是高知識分子的爸爸說出這樣的話，我們的社會就比較能夠認同這樣的說法。那麼，法國的爸爸們又是如何應對的呢？在家事這一塊，他們總是會按照「寬宏大量的」妻子說的去做，如果真的做不好，就會稱讚妻子：「妳真的好厲害，我怎麼做都沒辦法做得跟妳一樣好。」

那麼，韓國的爸爸們是適合北美式的應對方法，還是法國式的應對方法呢？（我也還不知道答案）但無論是哪一種，只有早早制訂策略，才能夠盡快在婚姻中達成「問題焦點因應策略」，維持夫妻兩人之間的浪漫。

第四點，不懂的事情就承認不懂，必須接受的事實就立刻接受。智力高的媽媽們在遇到不懂的事情時並不會裝懂，她們會想親自去體驗，並在苦惱後自行做出決定，絕對不會陷入「我聽某某人說」的資訊陷阱之中。就算是自己敬重的人所說的話，只要前後有些矛盾，她們就不會接受這樣的說法。但在面對有確切根據的合理情況時，她們就會立刻接受事實。這麼做的結果，這些媽媽們就不需要消耗一些不必要的時間和能量，情緒上的波動相對也會比較少，也才能夠專注在真正必須要做的事情上。說不定有些人會覺得這樣聽起來有些矛盾，但我認為真正的「智力」並不是想著要知道或干涉每一件事，而是勇於無視那些不必要的事物，選擇自己能做好的事情，專注在自己該做的事情上的力量。對媽媽們來說，在育兒過程中很難擁有屬於自己的時間，這時候如果她們能夠發揮真正的「智力」，就能夠提前過上自己夢想中的人生了。

第三個支柱：情感

前面已經說到「要以正面的視角看事情」、「察覺會引發內心自卑感的想法，並阻止這樣的想法侵入自己的腦海中」、「不感情用事，集中精力尋找解決方案」等，但要做到這些並不像說的那麼容易，我想各位應該都曾經歷過。因為知道那樣做是好的，所以會有想努力嘗試的想法，但如果情感上無法接受的話，就一點用處也沒有了。情感是實現某種東西的主要動力，同時也是生活完整的要素。人們說理想的生活型態之一是「充滿情感的生活」，也就是說無論我們多麼理性地面對各種問題，取得多大的成功，但只要情感上沒有獲得滿足，就會覺得缺少了一點什麼。

雖然人們對「充滿情感的生活」的定義各不相同，但大致上應該是指「心情上感覺到幸福和快樂，能夠關懷他人，與他人產生共鳴，感受到緊密情感連結的生活」吧？總之絕對不是充滿負面情緒的生活。那麼按照上述的定義，我們只要多感受幸福、快樂和與他人之間緊密的情感連結，不就可以了嗎？雖然這句話聽上去像是在開玩笑，但這也是個無庸置疑的事實。那現在讓我們來學習幾個能夠讓生活充滿情感的方法吧！

第一點，多做一些能夠讓自己感到幸福、愉快的事情。不管是回憶過去美好的回憶也好，幻想未來幸福的模樣也可以，不過效果最好的當屬享受當下，做點能讓自己感到開心的事情，例如看電影、吃美食、和朋友聊天，或是聽音樂等，能做的事情其實非常多。如果發現不知道自己做什麼才會開心，那才是大問題。不要只顧著寫願望清單，也要寫快樂清單，對某些人來說，也有可能兩份清單裡會有重複的事情。

之所以必須寫一份快樂清單，是因為我們心情不好的時候總會想不起愉快的事情。心情不好的人就像是淋著雨，手上卻沒有傘的人一樣，整個人都沉浸在那個情緒中，也像是悲劇裡的主角，總是垂頭喪氣的。在這樣的狀態下，整個腦袋裡就會充滿負面的念頭，接著心情又會變得更糟，陷入一個惡性循環。要切斷這個惡性循環的秘訣就是要做一些跟自己心情相反的事情，情緒的力量是很驚人的，一旦往消極的方向發展，就很難自己改變方向。因此比情緒還要強大的存在，也就是情緒的主人——我們，就應該要積極地改變情緒的走向。請仔細想想，孩子哭的時候，如果放任不管，他就會哭得更厲害對吧？這時候，爸爸媽媽就會抱著孩子，給孩子吃好吃的食物，或是讓他們看一些有趣的東西，分散孩子的注意力。對待陷入負面情緒的自己也是一樣的，要像對待孩子時一樣，分散自己的注意力。只要成功分散了注意力，心情就會轉換得非常快，速度快到甚至會讓人覺得自己有些「輕率」。

告訴自己只要心情不好的時候就走到冰箱前面吧！看看貼在冰箱上的「快樂清單」，接著立刻採取行動。如果能將清單細分為自己能在家做的事情、能和某人一起做的事情、能在外面做的事情、需要花錢的事情等，效果會更好。以防情緒不好的時候忘了看冰箱上的清單，直接打開冰箱門，也最好提前在冰箱裡放入喜歡的食物。

把「一日一快樂」列入今天的目標之一吧！可以看電視劇，可以和丈夫一起吃炸雞、喝啤酒，也可以和孩子一起開懷大笑，這些應該不會很難達成吧？睡覺前記得要問自己：「今天我有感受到快樂嗎？」如果真的沒有，請模仿做出一個開心的笑容，這時大腦便會做出「我的主人好像很開心」的判斷，分泌出好的荷爾蒙，幫助你入睡。

第二點，感受緊密的情感連結。漢娜・克里奇洛在她的著作《命運可預測，更能改變》之中介紹了一項有趣的研究，那就是心臟麻痺後是否能夠恢復，取決於人際關係和友情的強度，她同時也表示擁抱或充滿愛意的肢體接觸能夠幫助幸福荷爾蒙，也就是腦內啡的分泌。其實不一定要有肢體上的接觸，和朋友一起唱歌、跑馬拉松，與朋友們進行富有共鳴、溫暖眼神交流的對話，就有助於分泌好的神經化學物質了。

但有些媽媽會覺得這種話對自己來說根本是天方夜譚，只有別人才做得到，因為育兒的關係，現在要跟朋友見一次面都很困難。明明以前是非常要好的朋友，結婚生子後卻突然產生了隔閡，見面的時候偶爾還會感到有些彆扭。就算以前關係很好，也不代表現在就一定要跟過去一樣，其實只要跟「現階段」和妳關係最好的人保持良好的關係就夠了。那個人有可能是同事，有可能是前輩、後輩，也有可能是同樣身為媽媽的鄰居，就讓我們保持開放的心態吧！

就算無法和其他人見面，光是心裡想起他們，為他們祈求一切平安順遂，就能夠產生緊密的情感連結了。研究結果證明，基督教和天主教裡的禱告、佛教的祈願都能讓人提高幸福感，且感覺自己是跟社會連結在一起的。知名的大腦科學家丹尼爾．列維廷（Daniel J. Levitin）在他的著作《成功老化》中曾說過，還能用一個意想不到的方式產生情感連結，那就是音樂。列維廷說人只要聽到音樂，就會聯想到自己在派對、演出或聚會等場合與人交流，大腦也會像真的在進行交流一樣變得活躍。甚至還有人說光是聽音樂就能減少孤單的感受，所以孩子念書的時候會聽音樂，說不定是為了跟其他人「一起」念書。念書的時候聽音樂因為會分散注意力，可能無法那麼專注，但也有些孩子在聽音樂的時候，會有種「在朋友身邊」念書的感覺，反而能在書桌前坐很長一段時間，所以父母親還是不能一味地禁止。除了上面所說的這些方法之外，其實能夠穩定情緒、愉快地生活的方法還有很多，我們必須要知道比起讓自己心情變好，其實等壞心情自己恢復和讓別人的心情變好真的難多了。所以現在就開始尋找能讓自己心情變好的方法，扮演好情緒的主人吧！

雖然我很確定在一般的情況下，上述的方法都有助於維持好心情，但即使心情變好了，只要別人說了什麼讓我們感覺不開心的話，心情就會瞬間又掉入谷底，這就跟孩子開開心心地拿著氣球，卻有人突然出現，拿著石頭將氣球弄破一樣。人類大部分的壓力可說都是源自於人際關係，因為別人的一言一行對我們幸福的影響實在是太大了，導致這個問題在諮商室裡也成了一個棘手的難題。

如果仔細回想我們心情變差時的情形，應該多數的情況都是被其他人踩到自己的底線。在這種狀況下，自然會想要求對方道歉，又或是進一步理解背後的原因，試圖找出雙贏的辦法。但在這裡我想要把重點放在這本書的目標「自己解決問題」上，也就是說如果我現在和某個人的關係「失火了」，「我」就要負責扮演起「消防員」的角色。我們有時會希望對方能向自己道歉，但這等同於是要求對方當「消防員」，在大多數的情況下都是行不通的。

從人際關係矛盾的心理脈絡來看，裡頭應該有「如果有人先惹我，我也不會忍耐」，也就是說對方先動手的話，我也同樣會還手。讓我們結束這個惡性循環吧！在面對另一方負面的言行時，不要用負面的方式對待，試著以正面的方式來處理這件事，這就跟消防員用水滅火是一樣的道理。聽到要用正面的方式處理也不用太擔心，我不是要各位為對方雙手奉上你所有的財產，只是要以正面的方式說話而已。雖然第一次這麼做的時候可能會覺得有點傷自尊心，但只要像這樣改變硬碰硬的處理方式，人與人之間緊繃和憤怒的情緒就會減少，很多事情也會以意想不到的方式解決。只要學會說「Ｙｅｓ」，你的生活就會像魔法一樣發生變化。

就拿A某的例子來說吧！A某是一名四十多歲的女性，她是一名美容顧問，同時也在化妝品公司擔任組長一職。A某因為「婆婆施加的壓力」感到很痛苦，她是這麼告訴我的。

「我婆婆三不五時就會打電話來公司找我，我好歹在公司裡也是個組長，結果她只要一想到就打電話來教我做這個做那個，自己的兒子倒是寶貝得要命。沒想到我想離婚不是因為丈夫，而是因為婆婆。雖然常常都想告訴她不要再這麼做了，但我又不能這麼說，真的壓力大到快瘋了。公司的工作就已經讓我壓力夠大了，家人不幫忙就算了，還只會增加我的壓力。」

我對於「雖然想叫婆婆不要這麼做了，但又不能這麼說」的理由感到很好奇，於是開口問了A某。她說因為自己每當有急事的時候都會拜託婆婆照顧孩子，她怕如果惹婆婆不開心，之後就不會幫她照顧孩子了。好不容易才升到組長這個位置，如果之後要自己帶孩子，在工作上累積的所有成就都會被迫中斷。其實孩子從出生後，一直到三歲都是婆婆幫忙照顧的。隨著話題越聊越深入，A某告訴我其實當初婆婆是很反對他們結婚的，因為她覺得兒子是個律師，A某的背景配不上兒子。但丈夫不停地說服婆婆，自己也付出了不少努力，最後婆婆才點頭答應了他們的婚事，甚至還在他們購置新房的時候拿了一大筆錢出來。除此之外，其實她也很清楚婆婆非常疼愛自己的女兒，在這方面，她其實對婆婆還是存有感激之情的。一直以來，A某都以負面的眼光在看婆婆，這是她第一次意識到其實婆婆也有好的一面。能夠有這樣的發現，代表她已經做好正式開始尋找解決方案的準備了。

我要A某選出她人生最珍惜的五樣東西，她的答案是孩子、丈夫、金錢、工作和外貌。接著，我要她告訴我她看不慣婆婆什麼樣的行為。她告訴我婆婆會干涉孩子的日常，如「明天開始就是梅雨季了，一定要讓她穿長袖再穿雨衣，不能穿開襟毛衣，穿那個都會弄得濕答答的。」；節日聚會或其他家庭聚會的日期全都要交給她決定，如「不管有什麼事，都一定要那天回家。」；還非常迷信，如「我昨晚作了很不好的夢，你們今天絕對不能往東邊走。」等，A某總共大概說了十幾個對婆婆的不滿。每當這些狀況發生時，她都會用很強硬的語氣拒絕或直接無視婆婆，甚至是將怒氣轉移到丈夫身上，所以家中的氣氛常常變得非常緊繃。

我告訴她，只要婆婆的言行不會對她珍惜的東西造成不好的影響，又或者是影響不大，就全回答：「Yes！」我告訴A某，把瑣碎小事的主導權交給對方是非常重要的，她聽到這樣的說法感到非常驚訝。我反問她，如果讓女兒穿婆婆要她穿的衣服，「妳珍惜的金錢就會化為烏有嗎？會對妳的外貌產生影響嗎？會被公司解僱嗎？女兒會出什麼差錯嗎？和丈夫的關係會因此變差嗎？」一聽完這些話之後，她立刻就理解我的意思了，接著也馬上就付諸行動。A某原本就比較急性子，所以只要她下定決心，就會毫不猶豫地去做。接下來，我們就用下面的表格來看看A某的變化吧！

「Yes」課程

婆婆平時會說的話	A 某平時會說的話和會做的舉動	A 某在做出改變後，會說的話和會做的舉動
一定要先讓她穿長袖，再穿雨衣。	媽，我說過現在的孩子對要穿什麼都有自己的想法啦！ →立刻拒絕婆婆的建議。	沒問題，我會這麼做的。 →接受婆婆的意見，但還是照原本的方式穿。
一定要在那天回家。	不是啊！哪有人這麼臨時講的？我這邊也有事情要處理啊…… →立刻拒絕婆婆的建議。	沒問題，就那天吧！ →先答應婆婆，如果真的有狀況不能去，再好好討論看看。
今天絕對不能往東邊走。	媽要怎麼想是妳的自由，但是不能強迫別人跟妳一樣迷信啊！ →立刻拒絕婆婆的建議。	沒問題，我會注意的。謝謝媽的關心！ →接受婆婆的意見，但不將這件事放在心上。（其實根本就不知道東邊是哪一邊）
	結果： 兩人不停產生矛盾和爭執，彼此心裡會一直有疙瘩，家中的氣氛變得很不好。	結果： 幾乎不會產生衝突，事情不僅圓滿解決了，雙方也都得到自己想要的結果，心情愉悅。家中的整體氛圍也會跟著變好。

A某告訴我，對於她突然成了「沒問題小姐」這件事，婆婆剛開始也感到很驚訝。就這樣，A某在接下來的一個多月，都用清新的嗓音（這非常重要）說著「沒問題！沒問題！」某一天，婆婆又要他們回家一趟，但A某因為下週要召開全體部門會議，除了晚上要留下來加班之外，週末也必須要到公司。這時候，A某用同樣清新的嗓音說：「是。但是媽，我這次真的沒辦法回去，公司裡有很重要的事情需要處理。」一直到這時候，A某才對婆婆說了「No」，結果婆婆大概猶豫了〇．五秒後這麼說道——

「妳也是真的沒辦法才會說不行的吧！我會改期的，不用有壓力，記得照顧好自己的身體，工作的時候也不要忘了休息。」

聽說這是A某人生中第一次「手不持刀，和平地」在雙方的對峙中獲勝。從那天之後，A某發現跟婆婆聊天變得更開心了，一家人的關係也變得越來越好。這就是能讓生活像魔法一樣產生改變的「Yes戰略」。她用的方法其實不過是把一句話改成肯定而已，家中的氣氛卻因此變得溫馨又充滿歡樂。

就算和某個人的關係不是太好，但只要去想對方好的那一面，就會知道斷絕關係並不能解決一切，還能發現其實這段關係中還有能夠改善的空間。只要用正面的態度接受對方，其實對方也會願意退讓。如果某個人話很多，很有可能是因為他心中存有「請認可我」的欲望，只要接受對方的這股欲望，就能撲滅兩人之間的「火」了。電影《為妳說的謊》中有一句這樣的台詞：

「如果想要討厭一個人，每天都要回想那些讓人煩躁的事去恨他，但饒恕只要一次就夠了。」

請把台詞中的討厭和饒恕換成否定和肯定吧！否定只會帶來否定，假如你因為煩躁而否定對方，對方就會大發雷霆，表現出更強勢的否定。但只要你做出肯定的反應，事情就能暫時解決。當然，這麼做的時候你的心裡可能會覺得有些不舒服，但也就這樣而已。相反地，如果你繼續表現出否定的態度，你心裡的疙瘩和對方固執己見、獨斷獨行的態度可能會讓狀況變得更糟。你現在心裡感受到的不舒服，未來也能像A某一樣，用「決定性的一擊」輕鬆解決。比起那些習慣性表現出否定態度的人，大多數時間都表現出肯定的態度，最後再說「No」的人，能夠更輕易地得到自己想要的東西。

雖然為了能讓各位更容易理解，我舉的是和人際關係相關的例子。但請記得在對待自己的時候，也要成為「消防員」，不停對自己說正面的話，你會發現這麼做之後，人生會變得比過去還要輕鬆許多。

接下來，來說說關於B某發生的有趣故事。B某一開始之所以會來諮商，是因為和公司裡組長的矛盾，讓她壓力大到無法負荷。B某在聽到「很多Yes與能做到決定性攻擊的No」這個方法之後，立刻就做了嘗試，也因為看到了實質的效果，一下子就陷入了Yes的魅力之中，後來根本就是把「Yes」這個詞掛在嘴邊了。有一天，因為有個需要上台的重要報告，B某急急忙忙地趕去公車站準備上班，但很不巧地，公車才剛開走。雖然心中跑出了「怎麼偏偏在今天發生這種事呢？如果遲到就完蛋了」的念頭，也為此感到很著急，但B某說她也不知道是什麼緣故，「Yes」這個詞突然出現在她的腦海中。於是她在心裡喃喃自語：「Yes，我可能會遲到。Yes，公車已經開走了。」接著她的心情就莫名好了一些。這時候，正巧有一輛計程車從遠處開過來，看到計程車的B某也鬆了一口氣，但沒想到那輛計程車就這樣開走了，甚至還在經過Ｂ某的時候，將路邊的髒水濺到她精挑細選的白裙子上，Ｂ某的裙子就這樣多了一大塊污漬。Ｂ某當下崩潰得很想尖叫，但她又不由自主地唸著：「Ｙｅｓ，公車已經開走了。Ｙｅｓ，本來想坐計程車的，結果車子把髒水濺到我身上就跑了，裙子上多了一片污漬。Ｙｅｓ，我好像真的要遲到了。」唸著唸著，Ｂ某突然就笑了出來，心情也奇蹟似地不那麼糟了。Ｂ某冷靜地搭上另一輛計程車到公司去，等到會議室關上燈後，靜靜地走進會議室，把裙子有污漬的那一面轉到後頭，順利地完成了報告。會議結束之後，Ｂ某假裝自己還在整理東西，等所有人都離開會議室之後，才用筆記型電腦擋住裙子上的污漬，走出會議室。

如果說Ｂ某算是我的徒弟，她的表現可說是青出於藍而勝於藍。對自己喃喃自語的時候，用「ＯＫ」代替「Ｙｅｓ」的話心情會更好。請不要說一些在壓力大的時候很容易脫口而出的「該死、真是的、有夠倒楣」等話，先試著說ＯＫ，接受現在的情況吧！

「ＯＫ，在公司被罵了。」

「ＯＫ，在公司被罵了。回家一看，孩子把廚房弄得亂七八糟的。」

「OK，在公司被罵了。回家一看，孩子把廚房弄得亂七八糟的，下水道還堵塞了。」

我想大概說不到三、四次就會笑出來了。為了讓「Yes」和「OK」這樣的話更容易說出口，請隨時保持正面的態度。只要能夠做到這點，就算遇到再糟糕的情況，都能從容不迫地處理。最重要的是，你會發現讓情緒平靜下來，每天帶著好心情過日子原來是這麼容易的一件事！

第四個支柱：靈性

就算體力、智力、情感全都滿足了，還是有些事情是我們無法解決的。俗話說，生而為人，就算已經盡了自己最大的努力，人生中還是會遇到無法解決的難題。這種時候，我們就需要依賴靈性，像是靈魂、命運、神祇等。我們要去思考人生的最終目的和命運的意義，對人類來說，快樂又幸福的人生才是最美好的，且會希望自己不會碰到任何苦難。但從靈魂的視角來看，苦難是成就人生的一段不可避免的過程。只要能夠克服難關，一定能夠成為比遭受磨難之前更好的存在。所有的苦難和快樂全都累積起來，最終才會成為「我」。如果世界上出現一種能夠忘記過去痛苦記憶的靈藥，我想也不會有人吃的，人們還是會選擇帶著痛苦的回憶和快樂的回憶一起離開。就算是痛苦的記憶，未來想起來的時候，也有可能已經成了愉快的記憶。或者如前面所說，也有可能是造就了現在的我的養分。

我在前面告訴大家越是累，就越要去思考人生的意義。但對於那些為人父母的人來說，是不是早就找到最強大的人生意義了呢？畢竟孩子本身就是一個不需要理由，確確實實的人生意義。在養育孩子的過程中會發現時間過得很快，一下子幾十年就過去了，孩子讓我們的人生以高速運轉著。在養育孩子的過程中，根本就無暇思考人為什麼要活著，就只是這樣過了一天又一天。但事後回想起來，會發現也許正是因為育兒的那段日子是那麼忙碌又充實，我們才能夠一直堅持下去。心中除了有過「就算是為了孩子，我也不能生病」這種只有媽媽才會有的想法之外，也為了孩子維持婚姻、為了孩子沒有辭職，在職場苦撐。換個角度看，就會發現育兒乍看之下是媽媽為了養活孩子而孤軍奮戰，但其實最終救活的還是「我自己」。

因為育兒實在是太累了，所以媽媽們有時候會想，如果沒有生孩子，自己的生活會不會更精采，能不能取得更大的成就，我也是一樣。如果沒有孩子，當然能夠享受到很多的好處，每天晚上都覺得有種解放的感覺，因為能夠自行運用的時間非常多，所以感覺能夠取得更高的成就，也能將自己弄得光鮮亮麗的。但同時也有可能會因為傲慢、自命清高和過於自戀的態度，成了一個沒有半點人情味，惹人厭的人。生了孩子之後，我才真正了解到生命是多麼可貴，同時也了解到別人的孩子有多麼珍貴。在有了孩子之後，我真正成了一個「像人類」的人，會在不得不卑躬屈膝的情況下看人臉色，也學會開口拜託他人。對孩子的這份愛雖然讓我疲憊不堪，也留下了很大的傷，但生下孩子並學習守護這個生命是一件多麼了不起的事啊！我相信自己一定在育兒的過程中成了更加優秀的人。就像鋼琴家患上了腱鞘炎，不代表他的音樂就沒有價值一樣，育兒的艱難也無法損害它的價值。

如果想要維持個人靈性上的健康，個體所屬的社會或國家也要健康才行。EBS電視台《Mother Shock》的製作團隊曾在二〇一一年做了一個實驗，他們找來孩子正在讀國中的十名韓國媽媽和十名美國媽媽，比較了「東西方的母愛」。實驗內容是孩子負責拼單字拼圖，媽媽們則是站在一旁看著。美國媽媽們靜靜地待在旁邊看著孩子拼拼圖，就算孩子開口向她詢問答案，美國媽媽也只是笑著說「不能告訴你」，並鼓勵孩子；相反地，韓國媽媽們只要看到孩子答錯就會覺得很惋惜，不停地想給孩子提示。美國媽媽對這個活動的感想是「拼圖很有趣」，表現出樂在其中的樣子；而韓國媽媽在結束實驗之後，第一個詢問的問題是有多少孩子通過了測試。過程中，如果孩子給出的答案跟正確答案相差不遠，韓國媽媽們就會說：「這樣應該可以算答對吧？」表現出對孩子無法答對題目的惋惜，和拚了命想要成功的態度。

雖然韓國媽媽們在這個實驗中表現出來的樣子，正是我們平常所熟悉的模樣，但一和其他國家的媽媽們相比，就能看出一個非常明顯的特性。瑪莎・努斯鮑姆曾經說過「美國是一個憤怒的國家」，很明顯地，韓國是一個「競爭的國家」。因為這個社會實在是太競爭了，為了要在這之中生存，某部分的人便成了好勝心過強的媽媽。在這個社會裡，那些試圖遠離競爭的人反而會顯得不正常。舉例來說，有一些媽媽想要讓孩子自由成長，不要他們被捲入競爭之中，但如果媽媽周圍的人都活在「以成長為中心」的社會，她們就很難堅持自己原本的價值觀。孩子年紀小的時候可能還可以，但等孩子到了小學高年級之後，就會開始擔心升學和未來入學考試的問題，最後選擇回到無止境的競爭之中。而早已嘗過自由滋味的孩子，則會面臨嚴重的適應問題。韓國之所以會成為「競爭的國家」是因為過去的歷史和文化，所以單純評論這樣的風氣是好還是不好並沒有意義。但我們還是必須要清楚知道，自己所在的這個社會是否有不健康的一面，人們是以何種方式受到影響，又受到了多少影響。

這一代的韓國人雖然比他們的父母親和祖父母那一代受了更多教育，對於社會問題的意識也抬頭了，但他們還是沒有擺脫七〇年代到八〇年代只重視成果與競爭的價值觀。健康的集體智慧必須要先扎根，才能形成比現在更寬容的社會，我們才能過上更從容的生活。屆時除了孩子們能過得更加幸福之外，父母親也能減少許多根本沒有必要存在的育兒壓力。但想要做出巨大的改變是需要時間的，在這之前，我們必須要了解某些不合理的社會文化引發了我們的壓力。就算在這樣的社會氛圍下，不得不跟著這社會走，我還是希望各位能夠試著一點一點地行使自己的選擇權，讓自己能少承受一些壓力。

在心理學的實驗之中，有個很著名的實驗叫「從眾實驗」。心理學家所羅門・阿希（Solomon Asch）拿了兩張卡片給實驗的受試者看，第一張卡片上畫了一條直線，第二張卡片上則畫了三條直線。第二張卡片上的三條直線中，其中一條和第一張卡片上的直線長度是相同的，另外兩條直線的長度則不同。受試者的任務是要在三條直線中選出長度和第一張卡片直線相同的那一條線，這個問題沒有半點難度，絕對不可能答錯。但是阿希偷偷將假的受試者們混入受試者之間，當受試者選擇了正確的直線，假的受試者們就會照事前說好的那樣，用非常有自信的聲音說出同一個錯誤的答案。令人驚訝的是，當假受試者們堅持那條直線就是正確答案時，大多數的受試者也都選了那個錯誤的直線做為答案。雖然受試者們一開始對假受試者們的回答感到很意外，甚至還表現出了猶豫不決的樣子，但他們最終還是選擇跟隨那個強烈表達自己意見的人。這個實驗證明了團體壓力有多麼可怕。

我認為韓國社會也存在非常強烈的同儕壓力。這個社會的氛圍是只要不聽群眾的意見，照自己的意思過生活，就會被人們排除在外。自己一個人育兒就已經覺得力不從心了，如果在媽媽論壇或父母的聚會上還要承受同儕壓力，壓力就會來到臨界點。有些人可能會說「不喜歡的話就不要參與啊！」但事情並沒有這麼單純。這個例子裡的事件雖然比較瑣碎，但能夠很好地表達同儕壓力有多麼難處理。孩子每個學期都會收到一張通知單，明文禁止私下拿紅包給老師，同時也要家長們不要繳交活動費。但其實在內部，錢還是照樣在收。世上不存在沒有錢就能辦的活動，尤其是在韓國，我們還會在婚喪喜慶的場合上用錢表達心意。就算覺得私下收活動費是不對的，但如果不繳錢，感覺就會碰到許多很為難的情況，於是只能跟著繳交。例如期末考或郊遊的時候，媽媽們就會集資為孩子們準備零食，但在這種情況下，就算有小孩的家長沒給錢，似乎也不能就不給他。如果說從眾是人類無可奈何的天性，那麼我們要追隨的文化和社會應該要是健康的，或者說至少應該要是合理的。

但應該每個人都會承認，韓國的社會文化與健康根本沾不上邊吧？尤其是在近代，收入的兩極化讓人民都感到十分疲憊。其實無論在世界上的哪個地方，面對財富的羨慕和挫折，應該都是一樣的，但在韓國，與其要說是絕對貧困的問題，其實相對來說自卑感的問題更大。在剛成年的時候，購買名牌包是一種潮流，這也是人們對富裕產生極大關注的起點。在生了孩子之後，炫富的物品從名牌包變成幾百萬韓元（一百萬韓元約為台幣兩萬元）的嬰兒車，接著又擴大到居住地區。只要不夠有錢，就會被認為能力不足，這樣的現實讓那些督促子女用功念書，希望他們能擁有過人能力的韓國父母非常憤慨。正如先前所提到的，韓國父母非常渴望子女們能夠過得比自己更好，但這麼長時間的努力似乎都成了泡影，這讓他們感到很空虛，也非常憤怒。為了讓子女們未來能過上更好的生活，父母們在家庭和職場承受著各種壓力，但現在卻要因為財富受到從沒想過的壓力，先不說自己對這樣的情況有多麼無言，那顆為子女擔憂的心更是如千斤般沉重。就算是在神聖的教育現場，也經常會聽到有人透過「靠父母」占據有利的位置，頻繁的程度讓許多父母的價值觀也跟著動搖。原本「靠父母」是用來嘲弄以作假、不公正的方式享受某些利益的人，但現在卻會聽到很多人說「連靠父母的機會都沒有」，這樣的說法讓父母對子女感到歉疚，子女們則是抱怨連連。（應該是因為生活實在太艱難，所以才「暫時」年齡退化了吧？）

原本就要先有一個嚴格遵守原則和常理的社會，社會成員的意識才會跟著變得健康，我想這件事不用說，大家也都很清楚。我真的非常希望政府能夠早日制訂出正確的政策，讓原本就有很多事要做的父母們，不用再浪費力氣在沒有意義的事情上。不過要等到那天，可能還需要一段時間，所以我們必須要先安撫各自的「心理貧困」。

有一本書叫《窮得有品味》，這本書的作者亞歷山大．封．笙堡（Alexander von Schonburg）出生在歷史悠久的貴族家庭。他過去曾經是德國最高權威雜誌《法蘭克福匯報》柏林版的編輯兼專欄作家，後來因為新聞媒體界結構的調整而失去了工作。但亞歷山大是看著家族的沒落長大的，他過去就曾經做過關於變窮的練習，所以失去工作之後，他也沒有因此灰心喪志，還是盡自己最大的努力去應對。亞歷山大之所以會寫《窮得有品味》這本書，是為了告訴大眾要怎麼在窘困的經濟狀況下，不失去自己的本質和品味，又能優雅地過生活。

我們所熟知的英國王妃黛安娜・法蘭西斯・斯賓塞女勳爵（Lady Diana Frances Spencer）出生在沒落的貴族家庭，還曾經當過幼兒園老師的故事的出處便是這本書。沒落貴族黛安娜最後以王妃的身分入宮，這種灰姑娘般的際遇和曾經當過幼兒園老師的經歷讓民眾陷入熱烈的討論中。當時的重點都在黛安娜王妃身上，是到後來才發現原來亞歷山大會寫這樣的內容是有他的理由的。

亞歷山大有一位非常喜歡喝葡萄酒的朋友，他愛酒愛到都能在佳士得紐約拍賣會上擔任葡萄酒鑑定師了。但時隔好一陣子，亞歷山大在和那名朋友見面時，卻發現對方並沒有喝葡萄酒。問了理由之後，朋友簡單明瞭地解釋說：「我已經沒那個能力喝葡萄酒了，那段時期已經過去了。」原本想暫時頂替的波爾多產葡萄酒買不起，又不想喝味道很淡的便宜葡萄酒，所以現在只喝「世界上最純粹的飲料」德國啤酒和水。在亞歷山大的書中，除了他的親戚們之外，還提到許多變窮的名人，但他們之中沒有一個人因為沒錢而感到窘迫。亞歷山大還非常自豪地說，妻子和她的朋友們正在進行互相贈送或借二手衣的「二手衣交換活動」（Hand Me Downs）。亞歷山大甚至還在書中提到：「這個年代，如果有人為了討好別人而花大錢，只會被嘲笑而已。」亞歷山大說這句話的時間點是在二〇〇六年，雖然跟德國相比似乎有些晚，但我們是不是也應該向他們學習，試著享受這種精神上的富足呢？

就算沒有錢喝葡萄酒也不會因此氣餒，拒絕喝廉價的葡萄酒，在維持自己自尊心的同時還能為自己感到自豪，並尋找替代方案。像這樣的人，就算沒有錢，但靈性依然存在。我認為這點非常重要，不管在什麼樣的情況下，都不要讓靈性失去它固有的氣質。再怎麼樣，我們都要守護這樣的自尊，生活待我們越是刻薄越要如此。

當你感覺辛苦到人生的目標和價值都要因此動搖時，請想像孩子的存在是在不斷向你丟出這個問題吧！

「即使這樣，你還是要繼續愛這段人生嗎？」

因為不斷地換尿布、泡牛奶得了富貴手，覺得當了媽媽之後人生彷彿變得很悲慘，在公司挨罵、別人比我先升遷、年薪協商失敗、因為租金上漲搬到郊區。這時候，請想像神正以孩子的形象問妳：「即使這樣，妳還是要繼續做這件事嗎？妳還是不會放棄自己的道路嗎？」並給出回應。「即使覺得很辛苦，妳還是有想珍惜的人事物不是嗎？妳也有想在自己人生中實現的事情不是嗎？」命運的天使會以孩子的形象出現，喚醒妳心中的靈性，希望各位都能夠試著去傾聽靈性的聲音。

如果現在是職場媽媽，我希望各位能夠找一個好榜樣。我們幫孩子們買童話全集的時候，通常也會連偉人傳記全集一起買。但奇怪的是，孩子們不太會去翻偉人傳記。就算是孩子，大概也能感覺到偉人們和自己的差距非常大，所以便提不起興趣閱讀。其中一個例外是，如果孩子對昆蟲感興趣，讀《法布爾昆蟲記》的時候就會讀得很開心；《灰姑娘》明明就不在偉人傳記的系列書中，但這本書為孩子帶來的影響卻比任何一名偉人都還要來得大。孩子們的內心其實埋藏著「如果媽媽很早就死了該怎麼辦？」的不安，這也是為什麼他們在閱讀《灰姑娘》的時候，會很快就將自己代入故事裡的角色。讀完這個故事之後，孩子們會幻想自己就算沒有媽媽，也能像灰姑娘一樣堅強地長大。而大部分的人真的也讓這樣的幻想變成了現實，成為了非常獨立的人。不管過程如何，媽媽希望孩子能夠拿偉人做榜樣，好好長大的夢想，終究還是實現了。

其實我認為媽媽們應該也要重新閱讀偉人傳記才對，但前提是要選一個和自己的情況類似，曾克服過類似困境的偉人。例如對孩子們來說，「灰姑娘」

就是他們心目中的偉人。讀那些不用擔心金錢，有人專門負責照顧孩子，能夠全心全意在自我開發上的人的故事，能得到什麼呢？就算想效仿這樣的人，試圖擁有跟他們一樣華麗的經歷與人生，到頭來也只會搞得一身狼狽，徒留心酸而已。請學習那些親自養育孩子，還能運用育兒以外的時間考取證照，在育兒過程中取得成就的人們。不要花太多時間在社交媒體上看其他人的故事，將心思放在創造專屬於自己的故事上，精力則投入到自我成長中。

雖然現在是全職媽媽，但之後有打算要回到職場的話，請把育兒過程中所有令妳感到痛苦的狀況都寫下來。把針對這些狀況思考，試著解決的所有過程都記錄下來，未來的某一天，妳會發現這些經驗都是非常珍貴的禮物。所有職業最終都是在提供人類生活所需的東西，因此養育孩子的經驗會成為妳非常棒的資產。

雖然我的第一本著作《一天三小時，讓孩子變鑽石：媽媽的氣味讓孩子變聰明、學會愛！》有幸受到許多媽媽們的喜愛，但其實當時出版這本書的時候，我家老大已經是個高中一年級的青少年，老么也在讀國中一年級了。所以當我在描述育兒最痛苦的前三年，還有第二痛苦的前十年時，都只能靠腦海中片面的記憶來寫，這點讓我感到有些遺憾。如果不是因為能在諮商室不停地聽到年輕媽媽們的「現在」，我是沒辦法完成那本書的。其實現在這本書也是一樣，如果我在分娩後能將當時感受到的痛苦情緒、產後憂鬱，和讓人精疲力竭的育兒大小事全記錄下來，我就能更詳細地說明媽媽在養育孩子的過程中所經歷的苦了。之所以當初沒能記錄下來，是因為我從來沒想過自己有一天居然會寫教養書籍。

請各位媽媽們不要跟當時的我一樣，認為現在就是一切，沒有人知道十幾二十年後的我們會做什麼。打個比方，假如妳在一間出版社工作，就可以利用自己的育兒經驗，用媽媽獨有的視角做出一本關於育兒的暢銷書；如果在製造業工作，可以站在孩子媽媽的立場，設計出劃時代的特色商品。當然妳也有可能自行創業，開創與育兒相關的事業。如果上述這些機會找上門來，過去完整記錄下來的育兒苦衷，就會成為點子源源不絕的創意金庫。現在就開始把妳的經歷存進金庫裡吧！至少也能成為育兒傳家秘笈，將自己的經驗傳授給下一代。

成功最關鍵的要素並不是智商，而是「成功智力」，「成功智力」代表的意思就是有想要成功的渴望。就算只有幾分鐘也行，渴望成功的人每天都會花時間想像未來自己成功的樣子，並為了達成那個目標而努力。就算一天只讀一個章節也無所謂，多看書，打造健康的身體吧！只要持之以恆，就能在不知不覺中增強體力，讓你離成功更近一些。

除此之外，還要重新寫一份自傳。這份自傳出現了無法回頭的新經歷，也就是成為某個人的「媽媽」。請確認自己是否還能發揮過去的優點，並思考有什麼地方是可以補強的。如果覺得自己的自信不如以往，請把妳現在有的能力全寫下來，也可以寫出小時候不會，但現在已經能做到的事，看著這些例子笑一笑吧！現在會開車了，銀行戶頭裡有錢了，想吃多少巧克力就能買多少，不用經過他人的允許就可以外出，能夠通宵玩電腦，幸運的話說不定還有一間自己的房子。對妳被賦予的能力充滿感激，寫下未來的履歷表吧！請制訂出明確的目標，並想出具體的實行方法。如果今天孩子身體不舒服，或是家裡要做的事還很多，不一定現在就要採取行動，只要知道之後必須這麼做就好了。

世界知名的激勵課程講師諾亞．聖約翰（Noah Saint John）在他的著作《Afformations®》中坦言，自己年輕的時候曾經因為人生不順遂，下定決心了結自己的生命。雖然想要自殺，但聖約翰並沒有槍，所以後來他又想到另一個辦法，那就是在密閉的車庫裡啟動引擎，引廢氣自殺，但他們家沒有車庫。某天，在他打算進到別人家敞開的車庫中自殺的時候，他看到了停在車庫一角的兒童自行車，那台自行車跟聖約翰小時候騎的車長得一模一樣。看著自行車，聖約翰突然想到這家人發現自己的屍體之後，自行車的小主人就會知道自己家裡發生可怕的事情了。一想到這，他便不再想著要自殺了。將自殺的念頭全都拋在腦後，聖約翰重新開始自己的人生，最終成了名利雙收的世界級講師。

無論是誰，只要覺得太過痛苦，就有可能會像聖約翰一樣產生想要放棄一切的想法。他之所以會在看到孩子的自行車後打消自殺的念頭，大概是因為就算非常痛苦，心底深處卻不是真的想用放棄生命來徹底忘了這一切。另一方面則是，發現了自己還能回憶小時候騎自行車的幸福時光。我們也是這樣不是嗎？痛苦當然會讓人覺得不舒服，但這並不代表我們想要把痛苦忘得一乾二淨，只想過著無憂無慮的生活。當然，就算真的想這麼做，現實上也是不可能達成的。現在會感到痛苦是因為有太多難受的回憶，但其實幸福的時光並沒有比較少，未來也會是如此。所以我們可以安慰自己，情況並沒有我們想像中那就算真的比想像中糟，就要想著，光是現在能和孩子健健康康地待在一起，就是一件值得開心和感激的事了。

希望各位能夠放下擁有完美無缺人生的幻想，專心把今天過好。如果下雨就打開雨傘，如果買不起雨傘就用借的，如果沒有人可以借，就暫時待在家裡等雨停吧！在等雨停的這段時間，說說妳的生活，找出過去還沒來得及了解的某些意義，接著把這些事都串連起來。就像這樣待一段時間，你就會發現天空已經在不知不覺間放晴了。

心理創傷研究的權威史蒂芬・W・波格斯（Stephen W. Porges）曾說過：「你是以你所知道的最佳方式生存下來的。」考慮到波格斯主要的研究領域，能夠很輕易地推測出這句話前面應該是「儘管有心理創傷」。身為媽媽的妳也經歷過依附創傷、發展創傷、關係創傷和經濟創傷等各種心理創傷，也許現在就正在創傷之中也說不定。沒有時間、沒有錢、沒有站在我這邊的人，過去的妳已經習慣了「沒有」，自己從各種創傷中撐了過來。但現在妳的身邊「有」孩子了，在照顧孩子的過程中，妳會以自己所知道的最佳方式生存下來。不，不只是生存而已。不知不覺中，妳已經成了《人面巨石》裡的那顆大人面石，成了孩子心中的偉人、理想的典範。妳可愛的孩子會看著這塊「人面石」，夢想著自己能擁有精采絕倫的未來。這麼一來，媽媽心靈藥房就能好好地傳承下去了。

後記
媽媽們需要安慰

讀者們和出版社一直都很希望我能寫一本關於觀察並安慰母親心靈的書，但很奇怪，關於這個主題我就是遲遲無法動筆。現在回想起來，大概是因為我自己就是一名在育兒中孤軍奮戰的媽媽，因為太清楚媽媽們有多麼辛苦了，所以才不敢隨意談論這件事。這大概就像記者拿著一支麥克風，對著好不容易跑完全程的馬拉松選手問著：「你現在有多累？要怎麼做才能不那麼累呢？」而氣喘吁吁的馬拉松選手除了苦笑之外，什麼話也說不出來一樣。同時，他們還會覺得有些生氣，心裡想著：「我也不盼望能得到什麼安慰，拜託給我個解決的辦法吧！」

但我最後還是寫了這本書。我們家老么現在已經是個大學生了，這之中度過了非常漫長的歲月，但在這段期間，韓國關於育兒和教育現場的政策卻遲遲沒有什麼進展。不，老實說應該是根本沒有任何改變，所以我也不再盼望我們的政府能想出什麼有效的解決方案了。我之所以會寫這本書也是基於這樣的背景，與其望眼欲穿地等待國家和社會的幫助，不如學著好好安慰自己的心。過去的我就像個因為生氣了，所以暫時不想接受任何安慰的孩子，但其實我的內心非常渴望能夠得到安慰。

請給媽媽們一些安慰吧！雖然和過去相比，女性權利明顯有上升的趨勢，她們的人生也確實增加了更多的可能性，但養育孩子的媽媽們依然過得非常辛苦。真心希望至少從這一刻開始，我們能打造一個懂得安慰媽媽們的社會。

套句最近的話，現在已經沒有所謂的終身職場了，別說是職場，其實就連要維持一起走一輩子的家庭也不容易。那麼是什麼樣的動力讓媽媽們在二十年這麼長的時光裡，沒有變心，全心全意地從事育兒這個工作呢？請不要說什麼「因為是媽媽，所以理所當然」的話。

在思考這個問題的時候，我的腦海裡浮現了「美麗」這個詞。結婚生子後，媽媽的生活中會越來越難看到美麗的事物。原本是因為愛情才成為家人，卻在結婚後用不同的方式傷害著對方，弄得彼此都滿身是傷。社會關係像因為乾旱而龜裂的農田一樣，變得十分貧瘠。心逐漸變得冰冷，沒有了抬頭看青天白雲和夜空滿天星斗的餘裕，外表也總是朝著自己不喜歡的方向變化。

但是這個「孩子」是這麼的美麗啊！他有著無瑕的皮膚、黃金比例的身體、像鑲了顆星星般，無比燦爛又水汪汪的瞳孔、獨一無二的香味，還有一顆純真又充滿愛的心。孩子是一個就算已經看著他了，還是想要一直這麼看下去的存在，是媽媽人生中僅剩的絕對美麗。在媽媽貧瘠的人生中，不知從何時開始就很難找到，並體現真善美了，但孩子卻能每天讓媽媽看見真善美的存在。大概就是因為孩子是這麼惹人疼愛，也因為心中很感激自己有幸享有這樣的福氣，才有辦法忍下所有辛苦，一直照顧、愛護著孩子。

哈佛醫學院的醫師李維麟（William Li, MD）在他的著作《逆轉疾病的科學食療聖經》中提到了某項研究。他在觀察嚴重的心肌梗塞發作後，仍然存活下來的母鼠時，突然發現一個驚人的事實，那就是胎兒的幹細胞在子宮中順著母親的血液前往受損的心臟，並進行修復。雖然這個研究的對象是老鼠，但李維麟認為這個例子首次證明了胎兒的幹細胞能為母體的健康做出貢獻，並表示人類也會有一樣的現象。我們一直以來都認為孩子理所當然應該要受到父母親的保護，但這樣的孩子居然在還是腹中胎兒的狀態下，就能守護母親的健康，說不定妳的孩子在胎兒時期已經救了妳一次也說不定。當然，對胎兒來說，母體要健康，自己才能平安地來到這個世界上，但這樣的事實還是很令人感動。在上述的研究之中，胎兒拯救了媽媽的「心臟」，但實際上，孩子出生後每天都在拯救媽媽的「心」。

不僅能夠拯救媽媽的生命，還能讓媽媽在生活中感受到美麗，因為身邊有這樣的孩子，媽媽們今天也才能重新振作起來。但對媽媽們來說，周圍的安慰和幫助也是必須的，只有這樣她們明天、後天才能繼續加油，好好地走完這趟漫長的育兒之路。

生命就如同是流淌的河水，今天這瞬間過了就是過了。媽媽在孩子五歲的時候、七歲的時候、十歲的時候能感受到的育兒感動都不同。育兒過程中，有時會充滿喜悅，有時心中會泛起一陣酸澀，有時會感動到眼淚欲奪眶而出。為了不錯過這比彩虹還要五彩斑斕，只有父母才能享受的美好、珍貴瞬間，請盡量多陪伴在孩子身邊。久而久之，就算沒有這樣的書，各位也會知道我們必須要互相幫助、互相安慰。安慰和幫助其實也和生命一樣，如果沒有適時地在當下給予，就會成為已經流走的河水，就算想給也給不了，這也是為什麼人們總是會強調把握當下。希望所有父母日後都能一起做育兒這個世界上最珍貴的事，分享更多愛，創造更大的幸福！

在此感謝 RHK 出版社的梁元錫（양원석）社長與編輯部這麼用心製作書籍，讓我有機會出版前作《原來，我們內心有一間解憂藥局》和這本《你不只是媽媽，也是你自己》，幫助更多的人恢復他們內在的力量。

國家圖書館出版品預行編目資料

你不只是媽媽，也是你自己 / 李賢秀（이현수）著；丁俞 譯 .-- 初版 .-- 臺北市：平安文化 . 2023.5 面；公分 . --（平安叢書；第 0759 種）（Upward；146）
譯自：엄마 마음 약국 : '나'를 잃어버린 엄마를 위한 마음 돌봄 처방전

ISBN 978-626-7181-63-8（平裝）

1.CST: 母親 2.CST: 女性心理學

544.141 112005613

平安叢書第 0759 種
Upward 146

你不只是媽媽，也是你自己

엄마 마음 약국 : '나'를 잃어버린 엄마를 위한 마음 돌봄 처방전

作　　者—李賢秀
譯　　者—丁　俞
發 行 人—平　雲
出版發行—平安文化有限公司
台北市敦化北路 120 巷 50 號
電話◎ 02-27168888
郵撥帳號◎ 18420815 號
皇冠出版社（香港）有限公司
香港銅鑼灣道 180 號百樂商業中心
19 字樓 1903 室
電話◎ 2529-1778　傳真◎ 2527-0904
總 編 輯—許婷婷
執行主編—平　靜
責任編輯—張懿祥
美術設計— Dinner Illustration、黃鳳君
行銷企劃—蕭采芹
著作完成日期— 2022 年
初版一刷日期— 2023 年 5 月

法律顧問—王惠光律師

讀者服務傳真專線◎ 02-27150507
電腦編號◎ 425146
ISBN ◎ 978-626-7181-63-8
Printed in Taiwan
本書定價◎新台幣 340 元 / 港幣 113 元